Comprimés pour une Victoire Inévitable

Pasteur Elvis Dagba

Elvis Dagba Ministries

1

Published by Elvis Dagba Ministries, LLC
P. O BOX 9733, Norfolk, VA 23505

Scripture quotations are from the King James Version of the Bible.

ISBN-13: 978-0998442815
ISBN-10: 099844281X

First Edition

Printed in the United States of America

TABLE DES MATIERES

PROLOGUE

Ce livre est dédié à toutes les créatures divines qui ont le souffle de vie en eux.

Tout honneur et gloire à Dieu notre Père, qui dans sa grâce infinie a permis la réalisation de cette œuvre. Sa fidélité, son amour et sa toute puissance finiront en nous, ce travail qu'il a commencé. Tout est pour Lui, à cause de Lui et par Lui. Amen!

Durant son ministère, le pasteur Elvis Dagba a vu les problèmes récurrents auxquels les gens sont confrontés. C'est en cherchant la réponse de Dieu pour délivrer des âmes que Dieu, par Sa grâce et son grand amour, lui a parlé. Le Saint-Esprit a révélé l'origine et les causes de beaucoup de ces problèmes à son serviteur.

En lisant ce livre, vous trouverez sans aucun doute un terrain d'entente avec vos vies et de ceux qui vous entourent. Ce sera comme une lumière sur les œuvres cachées des ténèbres. Il vous donnera aussi la réponse et vous permettra d'entrer dans une nouvelle dimension de liberté et de grâce acquise par la mort et la résurrection de l'amour de Jésus.

Bonne lecture sous la direction du Saint-Esprit.

Pasteur Elvis Dagba

CHAPITRE 1

TU ES TON NOM ET TON NOM EST TOI

Nous ne pouvons pas rentrer dans le vif du sujet sans avoir défini au préalable le mot « NOM » :

Définition : le mot « **Nom** » sert à désigner une personne, un animal ou une chose, puis distinguer les êtres de même espèce. Le nom exprime un titre, une qualification et nous pouvons dire que sans le nom, rien ne peut être identifié et personne ne peut l'être non plus.

Connaître le nom d'une personne permet de connaître son caractère (être); c'est pour cette raison que l'ange de l'Eternel demanda à Jacob : « quel est ton nom? » et il le lui répondit Jacob est mon nom (Genèse 32 v 27). Ce genre de question a été posé plusieurs fois dans la Bible Moïse aussi en a posé à DIEU en disant « Mais, s'ils me demandent quel est ton nom, que leur répondrai-je? » Exode 3 v 13 et 14, DIEU répondit à Moïse en disant : « Je suis celui qui suis. Et il ajouté : c'est ainsi que tu répondras aux enfants d'Israël : celui qui s'appelle « je suis » m'a envoyé vers vous ». ça veut dire : je peux tout, je suis le tout puissant après moi il n'y a plus personne. Quand je dis oui personne ne peut dire non.

Le nom est porteur d'un grand mystère. ce qui fait que le nom que vous portez peut être aussi bien source de bénédictions comme source de malédictions pour vous.

La preuve tangible des noms est que le Créateur de toutes choses, à savoir DIEU lui même s'identifie par son nom: JEHOVAH RAPHA: le DIEU qui guérit; JEHOVAH SHALOM: le DIEU qui donne la paix; JEHOVAH JIREH: le DIEU qui pourvoit aux besoins. Il y a une force ou un esprit derrière tout nom: le Saint-Esprit soutient les noms excellents et les mauvais esprits s'accrochent aux noms vulgaires pour détruire les porteurs de ces noms. En lisant ce livre il faut commencer à voir le nom que tu portes. Est – il soutenu par le Saint-Esprit ou par l'esprit mauvais? Sois éclairé au nom de Jésus-Christ de Nazareth.

Quel rôle joue l'esprit attaché à chaque nom?

L'esprit attaché à chaque nom révèle les caractères contenus dans ledit nom et les promesses qui y sont rattachées d'une part, puis amène à la réalisation de l'intention ou du souhait du donneur d'autre part. Prenons le cas d'Abraham et de Sarah, ils sont devenus porteurs de ces noms parce que DIEU voulait les voir féconds. Ce qui est impossible avec leurs anciens noms qui étaient Abram et Saraï. Ce couple a drainé la stérilité durant toute leur vie jusqu'à leur vieillesse et DIEU a décidé d'accomplir son plan dans leur vie, d'où il était nécessaire qu'il leur change de nom:

Abraham = Père élevé, père des Nations
Sarah = Princesse (Genèse 17 v 5-6: 15-16)

Il peut le faire aussi pour toi si tu te donnes à lui et si tu mets ta foi en action. Vous convenez avec moi que toutes les fois qu'ils seront désignés par leur nouveau nom, ce ne sont que des confessions positives proférées sur leur vie en vue de la réalisation de l'intention de DIEU sur leur vie. Même leurs ennemis seront obligés de les appeler ainsi. Aussi longtemps que tu répondras « Oui » à ton nom, s'il est un nom excellent ou positif alors tu seras béni, mais s'il est un nom futile ou vulgaire, tu seras maudit. Le drame est que chaque jour tu réponds au moins une fois « oui » à ton nom (c'est –à-dire que: quelqu'un t'appelle au moins une fois dans la journée). Pose-toi la question de savoir quelle est l'explication qui est derrière ton nom et à qui tu réponds?

Nous avons vu des gens changer leur nom dans cette vie après avoir pris conscience de la malédiction dont ils sont victimes à cause de leur nom et DIEU a opéré un changement dans leur vie. Si DIEU te donne un nouveau nom, les sorciers, les fétiches et les marabouts seront condamnés à t'appeler par ce nom.

Exemple: DIEU te donne le nom **Prospère**. Quelqu'un demande à un féticheur de te rendre pauvre. Avant que le féticheur ne prononce des incantations sur toi pour te rendre pauvre, il appellera d'abord ton nom (l'esprit de la prospérité qui est derrière ton nom va répondre), le féticheur dira: Prospère, je te rends pauvre et l'esprit de prospérité dira non: DIEU l'a déclaré prospère et il en sera ainsi pour toujours Alléluia.

Un homme de DIEU après avoir suivi un tel enseignement s'est rendu dans son village pour se renseigner sur la signification réelle de son nom de famille qui était APEDO. Il a su à partir de l'information obtenue que APEDO signifie « Maison vide ou maison en ruine ». Au cours d'une guerre, tous ses ancêtres étaient morts, sauf son arrière grand-mère qui avait survécu avec une grossesse. Elle accoucha d'un garçon au terme de sa grossesse et, pour le nommer, elle dit: « tu t'appelleras APEDO car tu es né dans une maison vide, ravagée par la guerre ». Depuis lors, la descendance porte ce nom jusqu'à nos jours.

Ce serviteur de DIEU réfléchit donc et dit "une maison vide peut-elle se marier? Peut-elle faire des réalisations? Peut - elle évoluer?" puis il se résolut de changer APEDO en Elie (*le prophète de feu*). Partant de là, sa vie a pris une autre et bonne tournure.

C'est pour te dire que le port d'un nom maudit, n'épargne aucune couche sociale; soit tu passes à la délivrance ou tu changes de nom carrément si tu ne veux pas recommencer la même délivrance maintes fois. Laissez-moi vous dire qu'un mauvais nom amène la désolation et un nom excellent vous transfère la prospérité. Le nom et son porteur sont étroitement liés, ils composent une entité indissociable voir inséparable. Vous êtes comme votre nom; vous ne pouvez pas porter un nom excellent et ne pas être béni: ce n'est pas possible. Le caractère d'une personne est le reflet de son nom.

Quelques exemples de noms négatifs et vulgaires suivis de leurs impacts dans la vie des porteurs:

KOUWÊ N'DJINAN (Né pour mourir ou né pour la mort) en Fon, cet homme a fait de brillantes études; à la veille de son embauche, la mort l'a fauché. **KOUGBLENOU** (la mort a ravagé) en Fon. C'est toute une famille qui porte ce nom et tous les membres de cette famille meurent toujours à 40 ans.

MEDAHEVI (*fils de la pauvreté*) en EWE. Le plus riche dans cette famille a une mobylette BBCT et aucun des membres n'a pu s'acheter sa propre maison. Il y a un frère qui s'appelle KOMBO en Lingala, ce nom veut dire Mouton. La vie de ce frère va toujours d'échec en échec. Il rêve et se voit dans une cage fermée et on lui tend des herbes à brouter. Dès qu'il a été éclairé sur la signification de son nom, un travail a été fait et DIEU s'est glorifié dans sa vie. Avant, il était toujours dépendant.

Ne prenez rien à la légère. Même le nom des quartiers, des villes, des sociétés et des places publiques ont un effet sur ces lieux.

Exemple: carrefour de la mort: le sang coule toujours à ce carrefour (*accidents mortels*).

Dans un pays de la sous-région, certains parents consultent le calendrier pour nommer leurs enfants tandis que d'autres se réfèrent aux fétiches ou à l'adoration de la famille (OUSSOU-ALLANGBADJE), des noms tirés de rivières ou fleuves (COMOE-BENDAMON), des noms tirés d'arbres (ALLA, KPANGUI), des noms nés de pierres (YOBOUET), de la colline ou de montagne (OKA) ou encore des noms comme KANGAH (*esclave*), NAFISSOU *(incertitude)*.

Dans la Bible également, il y a des noms négatifs comme:

Nabal: fou (1 samuel 25 v 25)

Jaebets: souffrance (1 chroniques 4 v 9-10)

I-Kaboad: sans gloire (1 samuel 4 v 21)

Retenez que le fer aiguise le fer: de même, le nom influence l'entourage et les relations. Es-tu sous l'influence négative de ton nom? Peut-être le problème que tu vis a pour origine le nom que tu portes. Tu as besoin de la délivrance, d'un travail de fond. Rapproche - toi de nous et nous t'aiderons à sortir définitivement du joug négatif de ton nom.

CHAPITRE 2

TABLEAU DE 119 NOMS ET LEUR SIGNIFICATIONS

N°	NOMS	EXPLICATIONS
01	Abel	Souffle /vanité
02	Abraham	Père de multitude
03	Acan	Trouble
04	Adeline	Gentille
05	Adolphe	Loup
06	Agar	Errement
07	Albert	Ferme
08	Alex	Aide
09	Alexandre	Défenseur des hommes
10	Alfred	Procureur de paix
11	Alphonse	Noble
12	Alphonsine	Noble
13	Ambroise	Vivant
14	Amélie	Souffrance/peine
15	Amos	Porteur de fardeau
16	Anne	Grâce/faveur
17	Antoine	Puissant dans la foi
18	Antony	Force
19	Ariel	Lion de DIEU
20	Aristaque	Bon gouvernant
21	Arthur	Nouveau
22	Auguste	Vénérable
23	Barthélémy	Fils de Thélémy
24	Basile	Roi
25	Benjamin	Fils de facilité
26	Bernard	Courageux
27	Blaise	Douceur

N°	NOMS	EXPLICATIONS
29	Bob	Célèbre/brilliant
30	Brigitte	Elevé
31	Camille	Sacrificateur
32	Caroline	Fort/Pouvoir
33	Céline	Celer
34	César	Courageux/chef
35	Chantal	Qui chante
36	Charles	Fort/libre
37	Christian	Qui suit Christ
38	Christophe	Que porte Christ
39	Claude	Affectueux
40	Claudin	Boiteux
41	Clément	Bienveillant
42	Constant	Fidèle
43	Corneille	Désire intense
44	Cyrille	Divin
45	Daniel	Dieu est mon juge
46	David	Bien-aimé
47	Déborah	Abeille/travail dur
48	Denis	Trésor
49	Diane	Déesse de la lune
50	Dominique	Maitre
51	Edouard	Garder
52	Ernest	Sérieux
53	Elvire	Gardien
54	Esther	Etoile
55	Etienne	Couronne
56	Eugénie	Bien né
57	Fabien	Bonté
58	Félix	Heureux/joie
59	Firmin	Solid

N°	NOMS	EXPLICATIONS
61	Frédéric	Paisible
62	Fulbert	Brillant
63	Gaëlle	Généreuse
64	Gaspard	Procureur de paix
65	Gaston	Hôte
66	Gédéon	Vaillant
67	Georges	Chanceux
68	Georgette	Gloire
69	Guillaume	Protection
70	Hélène	Lumière
71	Henri	Dirigeant
72	Hilaire	Joie/Allégresse
73	Ida	Obscur/Caché
74	Ignace	Puissant
75	Jean	DIEU fait grâce
76	Jérémie	DIEU a donné
77	Job	Le persécuté
78	Jocelyne	Joie
79	Joseph	Qui ajoute
80	Josaphat	L'Eternel est juge
81	Judith	Louange
82	Julie	Doux
83	Lazare	DIEU a secouru
84	Léa	Fatigue
85	Lot	Voile
86	Louis	Mieux
87	Lydia	Pensée saine
88	Marc	Défenseur des hommes
89	Mathieu	Don de DIEU
90	Mireille	Comme Marie
91	Monique	Unique conseiller

N°	NOMS	EXPLICATIONS
92	Nadine	Espérance
93	Nadia	Lumière
94	Narcisse	Engourdissement
95	Nicolas	Victoire
96	Olivier	Oint
97	Odette	Richesse
98	Pascal	Guerrier
99	Paul	Petit
100	Philomène	Bonté
101	Pierre	Rocher
102	Placide	Qui aime le calme
103	Régina	Reine
104	Robert	Eclatant/brilliant
105	Rodrigue	Roi
106	Roland	Terre
107	Roméo	Intelligent
108	Rose	Cultivatrice
109	Rudolph	Beau/charmant
110	Samson	Petit soleil
111	Sébastien	Honoré
112	Séverin	Exigeant
113	Sophie	Sagesse
114	Sonia	Sagesse
115	Sylvie	Forêt
116	Thiery	Don
117	Urielle	Lumière de DIEU
118	Urbain	Courtois
119	Victor	Vainqueur

Bien-aimé, tu es à l'image de ton nom. Peut-être que ton nom n'est pas mentionné dans ce tableau. Tu dois essayer de t'informer pour avoir sa signification afin de passer à la délivrance si cela est nécessaire (*si ton nom porte derrière lui une malédiction*). La liste est très longue si tu n'arrives pas à trouver l'explication de ton nom, alors rapproche-toi de nous et nous allons t'éclairer. Si le changement de ton nom t'est imposé, alors tu le feras ou si c'est une délivrance qui s'impose aussi à toi, Gloire à DIEU nous pourrons t'aider. Car DIEU n'a pas changé le nom de tout le monde dans la Bible. Jaebets a toujours gardé son nom mais il a brisé l'influence qui est derrière ce nom qui signifie souffrance.

CHAPITRE 3

LA SIRÈNE DES EAUX ET SES OEUVRES DANS LES FAMILLES

Définition: **Sirène** - La Sirène peut être définie comme un être fabuleux, à tête et torse de femme puis à queue de poisson qui passe pour attirer.

Origine de la sirène

Ezéchiel 28 v 14-17 "tu étais un chérubin protecteur, aux ailes déployées; je t'avais placé et tu étais sur la sainte montagne de DIEU; tu marchais au milieu des pierres étincelantes. Tu as été intégré dans tes voies, depuis le jour où tu fus créé jusqu'à celui où l'iniquité a été trouvée chez toi. Par la grandeur de ton commerce tu as été rempli de violence et tu as péché; je te précipite de la montagne de DIEU et je te fais disparaître, chérubin protecteur du milieu des pierres étincelantes. Ton Coeur s'est élevé à cause de la beauté, tu as corrompu ta sagesse par ton éclat, et te jette par terre, je te livre en spectacle aux rois."

La sirène des eaux est un agent du diable, Satan qui est un ange déchu. Précipité sur terre, il a formé son gouvernement. Ce gouvernement dans lequel la sirène des eaux occupe une place importante voir même, de premier ministre du gouvernement satanique. Quatre vingt dix neuf pour cent des problèmes que rencontrent la majorité absolue des humains sont causés par cet esprit.

Champs d'action

Apocalypse 12 v 12 "c'est pourquoi réjouissez-vous, cieux et vous qui habitez dans les cieux. Malheur à la terre et à la mer car le diable est descendu vers vous, animé d'une grande colère sachant qu'il a peu de temps."

Deux endroits sont mentionnés dans ce passage; la terre et la mer.

Jean 10 v10 "Le voleur ne vient que pour dérober, égorger et détruire, moi, je suis venu afin que les brebis aient la vie et qu'elles soient dans l'abondance." La bible nous apprend que le diable a trois missions à savoir: voler, égorger et détruire.

Dans ses champs d'action qui sont la terre et la mer, cet esprit opère en complicité avec deux démons qui sont le mari et la femme de nuit.

Comment cet esprit possède - t – il les corps?

1. L'adoration des eaux par nous-mêmes et/ou nos parents.
2. La prise de fétiche pour trouver un mari ou une femme.
3. La recherche de guérison auprès d'un féticheur ou marabout.
4. La fréquentation des boites de nuit. Les boites de nuit représentent une zone de prédilection de ces esprits de mari et de femme de nuit. Celui qui

fréquente donc les boites de nuit est en contact permanent avec ces esprits (*encore que c'est le royaume de la débauche et de l'immoralité sous toutes des formes qui s'y sont installées*).

5. L'affection des films pornographiques.
6. L'invocation des esprits pour avoir des enfants.
7. Rapport sexuel avec une personne possédée donc (*sexuellement transmissible*).
8. Le port des chaines aux pieds.

Ses indices (*signes évidents de la possession par cet esprit*)

- Disparition mystérieuse des effets personnels (*argent inclus*).
- Jouer avec le serpent en rêve, le voir en rêve également.
- Natation en rêve.
- Peur physique de l'eau.
- Imagination de la présence du serpent autour de soi.
- Sentir l'odeur du parfum ou du poisson autour de soi.
- Narcissisme poussant à passer son temps à se mirer.
- Rapport sexuels en rêve.
-Incapacité de maintenir une relation durable avec le sexe opposé
- La haine du mariage.
- Douleurs de reins, de bas-ventre et des organes génitaux (*les démons se servent du sexe des animaux pour tenir des rapports sexuels avec les humains en rêve, raison qui explique la présence des ces maux*).
- Querelle avec son partenaire après un rapport sexuel (*dégoût envers son partenaire après le rapport*).

- Se marier, faire des enfants ou être enceinte dans un rêve
- Éjaculation précoce.
- Avoir une facilité bizarre de trouver de l'argent avec plusieurs partenaires.

Le but réel de cet esprit est de maintenir sa domination sur votre vie et d'avoir le droit de vous harceler, manipuler, piller puis vous arracher toutes les bonnes choses qui vous sont destinées. Son souci est de faire de votre vie une poubelle ou un tas d'ordures, vous feriez donc péniblement votre vie sans mari et avec des maladies. **Esaie 4v1 "Et sept femmes saisiront en ce jour un seul homme, et diront: Nous mangerons notre pain et nous nous vêtirons de nos habits; fais- nous seulement porter ton nom! Enlève notre opprobre!"**

Ses oeuvres dans les familles et ses strategies

La famille est un ensemble de personnes composée du père, de la mère et des enfants au sens strict du terme; au sens large du terme, la famille est constituée par un ensemble de personnes ayant un lien de parenté.
Après étude approfondie, il a été révélé que 75% des familles sur la planète sont possédées par cet esprit et ses objectifs sont la division, la séparation et la destruction des familles. Pour donc parvenir à ses fins, il y sème.

L'infidélité

Il pousse les pères de famille de plus de 60 ans d'âge à être esclaves des jeunes femmes qui ont entre 20 et 25

19

ans. Ils dépensent toute leur fortune pour ces filles, ils sont prêts à tout sacrifier (*argent - biens matériels - femmes – enfants –travail*) pour ces jeunes filles. D'autres abandonnent le domicile conjugal pour se réfugier chez ces dernières. Cet esprit pousse certains parents à tenir des rapports sexuels avec leurs propres enfants. Quelle que soit l'aisance de la vie des femmes mariées, ce même esprit les pousse à avoir des amants (adultère).

La séduction

L'esprit des eaux amène dans ce cas l'homme ou la femme à séduire afin de l'entraîner dans le péché, par le port des habits sexy (*chéri regarde mon ventre par exemple*). Certaines femmes percent les oreilles plus d'une fois, d'autres le nez, le nombril ou encore la langue. Des hommes sont aussi concernés et il y en a même qui se tressent ou se défrisent les cheveux.

La stérilité

Plusieurs couples ont divorcé de nos jours, faute de connaissance. Cet esprit rend certaines femmes stériles. Peut-être après un rapport sexuel dans le rêve, il enlève l'utérus ou la trompe de la femme. Dès ce jour elle devient incapable de concevoir. Le mari trouvera une raison pour faire des enfants dehors, ce qui va entraîner les conflits dans le foyer (*résultat le divorce*). Je prie pour tous les foyers qui vivent ce cas présentement que le tout Puissant DIEU répare les dégâts causés par cet esprit et que la paix revienne.

Confier votre foyer à DIEU il est capable de changer votre pleur en joie et votre stérilité en fécondité au nom de Jésus-Christ de Nazareth.

CHAPITRE 4

LA SIRÈNE DES EAUX (mami-wata)
CAUSE DES PROBLÈMES CONJUGAUX

Définition: **Mami-water**   (*Mami-Wata*)   ou généralement dit Mamiwata, est un mot composé dont la décomposition donne:

Mami = Maman
Water = eau

Cela veut simplement dire que **mami-water signifie mère de l'eau**. La femme de nuit attaque les hommes tandis que le mari de nuit attaque les femmes. Le problème de mari et de femme de nuit est l'un des plus grands problèmes au monde (*en Afrique et dans le monde entier*).
Comme je t'avais précédemment annoncé, beaucoup de mariages de nos jours sont brisés et plusieurs couples affligés sans raisons bien fondées. Cet esprit de sirène déteste l'union et il est lui-même très jaloux. Il aime transformer en patrimoine personnel l'homme ou la femme qu'il possède dans le but d'agrandir son royaume. Voilà pourquoi il essaie de donner à l'homme ou à la femme de moyens faciles de gain d'argent afin de lui faire croire qu'il ou elle est heureux (*se*). Cet esprit fait semblant d'enrichir sa proie pour lui faire passer le soir de sa vie dans la désolation (*célibat-stérilité-maladie-faillite financière*) c'est pour cette raison que vous verrez

des hommes et des femmes d'affaires brillant dès le début de leurs affaires revenir brusquement à zéro, le chiffre rond.

Cet esprit cause la haine autour de vous; votre entourage vous haïra sans que vous ne l'offensiez et le pire de tous ces cas, votre conjoint aussi. Cet esprit qui est réputé pour la séparation des couples injecte une maladie dans le corps de la femme (*stérile la plupart du temps*). Après les analyses, on découvre que la trompe de la femme est bouchée, ou il y a d'autres maux tels que le kyste de l'ovaire, le fibrome, le myome. Ce même esprit cause la négativité de tous traitements médicaux juste pour donner une raison à l'homme d'aller prendre une autre femme dehors. Il crée une forte tension dans les foyers. Pour rien du tout, des querelles naissent et s'intensifient au point où, soit l'homme abandonne sa femme et ses enfants, soit il congédie sa femme. Souvenez-vous de ce que j'avais dit de la façon dont cet esprit possède les corps et dans ce cas, la consultation auprès des féticheurs ou marabouts pour avoir un mari, une femme ou la guérison est mentionnée.

Permettez-moi de vous raconter un fait réel qui s'est produit suite à un voyage que j'ai effectué sur la Côte-D'ivoire. Au cours d'une conférence où j'ai été invité comme orateur, le Seigneur m'a parlé d'une femme qui a perdu ses menstrues depuis un bon moment déjà. Quand je livrais le message, l'Esprit de DIEU l'a secouée et elle s'est pointée devant. Quand j'ai commencé par prier pour elle, l'Esprit de DIEU m'a révélé la cause de sa détresse;

elle avait consulté un soi disant voyant qui lui a prédit sa rencontre avec un homme qui l'épouserait. Et avant que cela ne s'accomplisse, elle devait acheter du savon pour se faire laver de la malchance, du parfum pour attirer cet homme (*parce qu'elle sentira désormais bon*), des bougies jaunes, rouges et blanches avec sa photo, son nom et une somme d'argent. Après que la femme ait rassemblé tous les éléments cidessus cités, le voyant l'a conduite au bord d'une rivière pour les cérémonies qui s'imposaient. Le voyant après lui avoir fait prendre toutes sortes de bains, prononça des incantations sur les éléments réunis et retourna le parfum et le savon à la femme afin qu'elle les utilise. Puis le voyant précisa qu'avant que le savon et le parfum ne s'épuisent, elle rencontrera l'homme qui l'épousera. La femme s'est réjouie parce que la parole du voyant a eu son accomplissement dans le même mois, elle a rencontré l'os de ses os et la chair de sa chair, ne sachant pas qu'elle venait de rencontrer le calvaire (*de son enfer*) et le problème de ses problèmes.

Le jour où l'homme lui a passé la bague au doigt, elle a perdu ses menstrues et ce pour deux ans, période après laquelle je l'ai rencontrée. En ce moment, le mari se décidait déjà à la renvoyer. Je me suis fait conduire au bord de cette rivière qui se trouve à San Pedro. La femme a pu repérer l'endroit ou le bain a été pris, un arbre y a poussé; nous avons coupé l'arbre et l'Esprit de DIEU m'a poussé à creuser; nous avons donc déterré un talisman qui portait à son intérieur la photo de la femme mise en morceaux, une feuille sur laquelle est écrite une langue dont je n'ai aucune connaissance. J'ai tout brûlé puis j'ai fait passer la femme à la délivrance et c'est dans la même semaine qu'elle a retrouvé ses menstruations. Retenez qu'elle a été à la recherche d'enfant pendant ces deux années; les médecins ont diagnostiqué toutes sortes de maladies sauf les remèdes qu'il lui fallait.

Je vous présente quelqu'un de très spécial; savez-vous que ceux qui ont inventé le médicament pour guérir le paludisme peuvent être emportés par ce mal? Êtes-vous informés de ce que l'inventeur de l'avion peut mourir du crash de ce même appareil? Attendez un instant, celui qui a inventé la voiture peut mourir d'un accident de voiture. Le fabricant de cercueil devient forcément le client d'honneur de son ouvrage un jour.

Mais il y a un homme qui est le créateur de ciel et de la terre. La Bible dit que quand il vivait sur terre, il terrorisait satan; quand il mourut, il arracha la clé de ta délivrance à la mort; Jésus-Christ de Nazareth est son Nom.

Donne ta vie à Jésus-Christ et il te la reverdira. Viens à lui, quel que soit ce que tu traverses, il est le faiseur de l'impossible. Qu'est ce qui est déjà sans espoir dans la vie? Rapproche – toi de lui et tu réaliseras qu'il ne déçoit jamais.

Combien de fois as-tu fais des consultations occultes? Qu'est ce qu'on t'a fait utiliser? Tu dois briser l'influence négative de ces choses sur ta personne. As-tu encore des gris-gris ou des produits chimiques dans ta chambre? Brûle - les, si tu ne peux pas les brûler, mets-toi en contact avec nous et nous t'aiderons.

J'ai rencontré un monsieur paralysé qui a écouté une de mes émissions radiophoniques. Après cela il m'a appelé pour que je prie pour lui. L'Esprit de DIEU m'a dit qu'il a enterré des choses dans sa maison et c'est cela qui était à la base de sa paralysie. Il m'a fait savoir que c'était un crâne humain qui lui avait coûté des millions. Par la suite nous avons déterré ce crâne humain. La même nuit quand il dormait il fit un rêve, il vit un homme vêtu de blanc qui était venu lui masser les deux pieds. Le matin il s'est réveillé et a commencé par marcher. Gloire à DIEU!

Bien aimé, si tu as la chance de lire cet ouvrage, saisit cette opportunité pour faire la paix avec ton DIEU et il te fera le miracle que tu recherches.

CHAPITRE 5

COMMENT RECEVOIR ET CONSERVER LA DÉLIVRANCE DE LA SIRÈNE DES EAUX?

Définition: **Délivrance** - La délivrance de quelqu'un est la mise en liberté de ce dernier, c'est son débarras de ce qui l'entoure ou le gêne. Une chose est de recevoir la délivrance et une autre chose est de la maintenir.

Comment recevoir la délivrance?

La première étape est une auto-délivrance: beaucoup cherchent la délivrance mais abandonnent celui qui délivre. L'homme de DIEU sera un canal par lequel le Seigneur agira mais toi, tu as le devoir de fixer tes regards sur DIEU.

Tu dois identifier ou localiser les démons qui te fatiguent; ce n'est qu'en cela que tu pourras être réellement délivré. Si tu ne connais pas le mal dont tu souffres, il sera difficile, voir impossible d'en trouver le remède approprié. Tu peux te poser la question de savoir comment tu pourras les identifier. Faire recours aux voies d'accès de cet esprit (*précédemment citées*).

Il faut chercher la cause ou la porte d'entrée de ces esprits dans ta vie. Je prends l'exemple d'un voleur qui vient dérober dans une maison, le portail étant fermé, ce voleur s'est forcément frayé un passage que le propriétaire ignore. Pour remédier à cela, il faudra absolument découvrir ce passage et le fermer. Le plus souvent, la porte d'entrée des démons dans nos vies est le péché. **Proverbes 28 v 13 "celui qui cache ses transgressions (*péchés*) ne prospère point, mais celui qui les avoue et les délaisse obtient miséricorde."**

Cinq champs de combat

La confession des péchés commis par soi-même.

La plupart de nos parents adorent des DIEUX étrangers (*démons-eaux-montagnes-forêts-esprits (Mânes) des ancêtre, etc...*) et plusieurs ont confié la famille, et même l'avenir des descendants à ces divinités. Ils ont fait des promesses à ces démons: la parole que nos parents ont prononcé devant ces fétiches leur donne un droit légal sur nous. Les parents peuvent mourir mais les démons continuent leur sale besogne. Puisque tu fais partie de la famille, ton nom est sur la liste d'exécution car la Bible dit que DIEU punit l'iniquité des pères sur les enfants jusqu'à la troisième et quatrième génération. En étant dans la famille, tu es concerné par cette alliance. Mais le seul moyen de s'en sortir ou d'en être délivré est de recevoir ou accepter Jésus-Christ comme Seigneur et Sauveur.

La confession des péchés commis par les parents

Pour le faire, renseigne-toi sur les fétiches adorés dans ta famille, de même que les pratiques abominables qui s'y font. Dès que tu auras réuni tous ces éléments, tu les mentionneras un à un dans ta prière afin de les annuler par le sang de Jésus, tu demanderas à Jésus Christ de mettre une barrière entre ces démons et toi puis il le fera réellement. Recenser les noms de tous les féticheurs, marabouts et divinités consultés dans le monde. Cela peut paraître choquant pour toi mais c'est une réalité irréversible, tu me diras peut-être que tu n'as pas besoin de connaître tous ces noms. C'est une grave erreur que tu commettras. Ce n'est pas pour rien qu'à ta première consultation d'un féticheur ou marabout, il te demande ton nom; c'est plutôt dans le but de maintenir leur domination sur ta vie, et ton âme est invoquée bien des fois par ton nom pour te faire revenir pour renflouer leur caisse. Tu dois lister tous les objets que tu leur as donnés pour un sacrifice quelconque en ta faveur (*argent-pagne-oeuf-poulet-mouton, etc...*).

Tu dois te rappeler de tout mélange qu'ils t'ont fait boire, passé sur une partie quelconque de ton corps ou enterré ou encore mangé (*colas*). Confesse-les et demande à ce que ces choses ne répondent plus à la place parce que c'est une alliance inconsciemment établie. Utilise le sang de Jésus-Christ en te basant **sur Galates 3 v 13 "Christ nous a rachetés de la malédiction de la loi, étant devenu malédiction pour nous. Car il est écrit: maudit est quiconque est pendu au bois"** pour annuler cette alliance. Il faut prier avec autorité en te servant de **Marc 16 v 17 "voici les miracles qui accompagneront ceux qui auront cru: en mon nom, ils chasseront les démons: ils parleront de nouvelles langues."**

Refermer les portes d'entrée

Beaucoup de gens reviennent à zéro après avoir été délivrés parce qu'ils n'ont pas fermé l'entrée. Quand un esprit impur sort, il ne dort pas; il reste dans

l'environnement pour s'informer de l'état actuel de la maison. Prenons cet exemple:
« démon de mari de nuit, je te chasse au Nom de Jésus-Christ de Nazareth! Par le pagne que j'ai donné au féticheur, tu as eu accès à ma vie et parce que je l'ai déjà confessé, sort de ma vie au Nom de Jésus-Christ! A partir d'aujourd'hui, je brise cette alliance et je referme la porte d'entrée ».

La restauration

Joël 2v25 à 27 "Je vous remplacerai les années qu'on dévoré les sauterelles, le jélek, le hasil et le gazam, ma grande armée que j'avais envoyée contre vous (v 25). Vous mangerez et vous vous rassasierez, et vous célébrerez le nom de l'Eternel, votre DIEU, qui aura fait pour vous des prodiges; et mon peuple ne sera plus jamais dans la confusion (v 26). Et vous saurez que je suis au milieu d'Israël, que je suis l'Eternel, votre DIEU, et qu'il n'y en a point d'autre, et mon peuple ne sera plus jamais dans la confusion (v 27)."

Demande à DIEU de réparer tout ce que ces esprits ont détruit dans ta vie, tout en prenant la décision de ne plus jamais y retourner. Si tu es réellement fatigué de vivre sous l'emprise de ces esprits, tu dois faire un pas vers Jésus-Christ. Tu peux être secouru par le jeûne et la prière sous la direction d'un serviteur de DIEU pour une réelle liberté. Mais retiens que rien ne peut se faire si tu ne prends pas la décision qui s'impose à toi. Il t'appartient désormais, frère, soeur de décider de ton sort. La Bible déclare dans **Job 22 v 28 "A tes résolutions** répondra le succès; sur tes sentiers brillera la lumière."

Qu'attends-tu? Fais un pas vers Jésus-Christ de Nazareth. Il a dominé les choses de ce monde. En son nom tout genou fléchit et toute langue confesse qu'il est Seigneur. Tu as besoin d'être encadré par la prière et ta vie connaîtra un renouvellement. Nous sommes prêts à t'aider si tu t'engages dans la marche avec Jésus-Christ de Nazareth. Le Prophète Esaïe dit: "**l'Esprit du Seigneur, l'Eternel, est sur moi, car l'Eternel m'a oint pour porter de bonnes nouvelles aux malheureux, il m'a envoyé pour guérir ceux qui ont le coeur brisé, pour proclamer aux captifs la liberté, et aux prisonniers la délivrance**" (Esaïe 61 v 1).

Viens à Jésus-Christ il t'appelle.

CHAPITRE 6

LA SORCELLERIE ET SES OEUVRES

Définition: **Sorcellerie** - la sorcellerie est la pratique des sorciers, mais qui peut être appelé sorcier? Un sorcier est une personne qui pratique une magie de caractère traditionnel, secret et illicite ou dangereux. S'il existe un domaine dans lequel beaucoup souffre à cause de l'ignorance; c'est celui de la sorcellerie parce que c'est une pratique voilée de mystères.

La sorcellerie est l'un des départements les plus dangereux dans le royaume satanique. C'est dommage de constater que les activités de la sorcellerie continuent dans bon nombre de familles sans aucun défi. Ce qui m'attriste le plus est que plusieurs destins sont à la queue, des âmes innombrables ont péri; ceux qui doivent être à la tête sont derrière, plusieurs foyers sont brisés, beaucoup de personnes ont été envoûtées. Quand je parle de défi, tu pourras te demander de quoi il s'agit. Que dit la Bible à ce sujet? **Exode 22 v 18 "tu ne laisseras point vivre la magicienne" Esaïe 49 v 24 à 26 "le butin du puissant lui sera – t – il enlevé? et la capture faite sur le juste échappera–t-elle? oui, dit l'Eternel, la capture du puissant lui sera enlevée, et le butin du tyran lui échappera; je combattrai tes ennemis, et je sauverai tes fils. Je ferai manger à tes oppresseurs leur propre chair, ils s'enivreront de leur sang comme du moût, et toute chair saura que je suis l'Eternel, ton sauveur, ton rédempteur, le puissant de Jacob."**

Il y a une réalité que vous devez savoir: prenons le cas de notre pays, le BENIN chaque famille comporte au moins un sorcier ou une sorcière, d'où nous avons les sorciers familiaux. Quand tu es attaqué par un sorcier familial, tu es plus facilement atteint que si le sorcier est hors de la famille. Voilà pourquoi la plupart des sorciers cherchent à avoir des collègues de service dans leur royaume comme points de repère pour opérer efficacement dans la vie de la personne visée.

Au cours de leur assemblée nocturne, ce membre de la famille vient avec les informations qui leur faciliteront la tâche.

Exemple: Tu as un projet de voyage, j'ai toujours dit que tous ceux qui rient avec toi ne sont pas tous tes amis, il y a des sorciers qui sont avec toi pendant le jour comme des amis, dans l'ignorance, tu leur livres tous les secrets. Une fois la nuit venue, ils se réunissent à ton sujet. Parce que ce sorcier de la famille a été informé de ton voyage et qu'il a perçu d'avance ta réussite dans le pays d'accueil, il s'associe avec ses collègues pour t'en empêcher puis il compatira ensuite à tes douleurs. Quelle audace!

La plus grande maladie dont souffre l'homme est l'ignorance.

L'ignorance est le manque de connaissance, c'est être inconscient pour apprendre, c'est un manque de renseignements: c'est la mère de la destruction. Tant que tu ne te rendras pas compte de la réalité de l'existence de la sorcellerie, la ruine est ta finalité. Certaines personnes sont voilées par les sorciers, ce qui les amène à chercher loin d'elles la cause de leur malheur. La sorcière qui garde un enfant dans ses entrailles pendant neuf mois n'hésite pas à le sacrifier. Pourquoi cherches-tu alors à négocier avec eux? Aussi longtemps que ces sorciers vivront, toute la famille sera plongée dans des afflictions de maladies, stérilités, incapacité de se marier, insuccès professionnel, plusieurs anomalies et évènements désastreux. Tu dois les combattre comme un lion blessé car ils ont le pouvoir de détruire jusqu'à la quatrième génération, c'est-à-dire que si ton grand – père a été sorcier, ils peuvent détruire à partir de sa génération, celle de ton père, la tienne et celle de tes enfants. Ils signent souvent des pactes de 50 ans renouvelables selon leur témoignage.

Il y a une dame qui ne s'entend pas du tout avec sa belle-soeur car celle-ci ne veut pas d'elle comme épouse de son frère (*elle est sorcière, la belle-soeur*) après plusieurs années de stérilité, la dame a fini par donner naissance à un enfant, la dame se rendait au service un jour et a donné comme consigne à sa domestique de nourrir l'enfant au biberon à son réveil, puis déposer ce qui en restera dans le congélateur. Au lieu que la domestique dépose le biberon dans le congélateur, elle y dépose l'enfant. N'en sois pas surpris, ce n'est pas de sa faute: c'est plutôt une manipulation provenant de la sorcellerie. Résultat l'enfant est mort: le désir de la belle soeur s'est réalisé.

Leurs points de contact

Ils ont pour point de contact: les hiboux, les irokos, le soleil, la lune, les étoiles, le sable, pour ne citer que ceux-là. Tu peux être étonné de ce que la lune et les étoiles soient mentionnées mais sache que comme la sirène à son domicile dans la mer la sorcellerie a son siège aux premier et deuxième cieux. C'est pour cela que l'on parle de voyage astral. Leur pouvoir prend fin au deuxième ciel mais DIEU dit « je fais de la terre mon marchepied ». Cela voudra dire que ses pieds transpercent le deuxième et le premier ciel, il domine sur toutes ces forces. Pour qu'il en soit ainsi, pour toi, tu dois donner ta vie au Seigneur.

Beaucoup de gens attribuent la sorcellerie aux personnes âgées: que ces gens là se détrompent car le monde a évolué, la sorcellerie aussi. La sorcellerie a désormais pour cibles les enfants de six ans, sept ans, huit ans jusqu'à onze ans ansi que les personnes âgées. Toi qui prends des domestiques sans consulter un serviteur de DIEU, tu vas payer un sorcier ou une sorcière pour ta propre ruine. Nous rencontrons plusieurs de ces cas.

Il faut que tu te lèves afin de rayer ton nom de leur liste. Peut être tu vis aujourd'hui dans la même maison, même chambre, même quartier et exerçant le même travail qu'un sorcier. Réclame le feu; dès que tu es enflammé, ce sorcier ne pourra pas résister car ténèbres et lumière ne peuvent pas vivre ensemble. Il va déménager à cause de ta présence. Fais souvent des prières agressives et ta vie sera un sens interdit pour les sorciers.

CHAPITRE 7

RÉVOQUER LES DÉCRETS DE LA SORCELLERIE

Définition: **Décret** - Le mot décret se définit par une opinion exprimée avec une certaine autorité, c'est une sentence, c'est quelque chose venant du coeur de quelqu'un avec autorité, c'est un jugement, un ordre ou une décision officielle.

A plusieurs endroits dans la Bible, nous trouvons des décrets maléfiques prononcés sur les enfants de DIEU. Prenons le cas de Mardochée, un décret a été prononcé sur Mardochée et son peuple, décret selon lequel sa race sera exterminée à une date déjà fixée.

Qu'est- ce qui s'est passé alors? le Seigneur a non seulement annulé ledit décret, mais il en a aussi décrété la substitution. A la fin de cette journée-là, Haman a été pendu à la place qu'il a réservé à Mardochée. Voilà ce que DIEU a prévu pour les sorciers qui te fatiguent si en quittant leur corps pour transformer ta paix en désarroi.

Daniel en a été aussi victime; un décret maléfique est sorti à son sujet, décret interdisant la prière au DIEU vivant (*Daniel 6*). Les auteurs de cet écrit savaient que Daniel ne pouvait pas se passer de la prière à son DIEU. Ils savaient que Daniel ne peut être atteint que par ce seul moyen. Pour avoir transgressé la loi, il fut jeté dans la fosse aux lions mais ceux qui ont commis cet acte ont connu le sort envisagé pour Daniel, c'est –à – dire qu'ils sont devenus le petit déjeuner, le déjeuner et le diner des lions. Ainsi en sera-t-il des sorciers qui refusent de te laisser vivre en paix. Nous parlons bien des décrets de la sorcellerie et comme vous le savez, la sorcellerie est une science qui oeuvre dans les ténèbres. Elle est monnaie courante de nos jours et au nombre de huit (08) sont ses décrets maléfiques qui font la guerre aux enfants de DIEU.

1- Les malédictions
2- Les sortilèges
3- Les incantations
4- Les envoûtements
5- Les décisions sataniques
6- Les jugements sataniques: ceci se produit quand une personne est traduite au tribunal maléfique et c'est là qu'un jugement se prononce sur lui.
7- Les ensorcellements sataniques
8- Les hommes forts maléfiques

Ces décrets sont exécutés quand ton cas est exposé devant le monde diabolique. Le plus souvent, ce sont les rêves qui servent de moyens d'exécution de ces décrets, raison pour laquelle il est important de se rappeler de ses rêves et cauchemars afin de détruire les phases des sorciers. Pour exécuter leur décision, ces sorciers invoquent l'esprit de l'homme étant donné que la sorcellerie est une affaire spirituelle. En faisant sortir l'esprit d'une personne hors de son corps, ils prononcent alors les incantations voulues sur la vie de la personne dans son sommeil bien sûr. Voilà pourquoi beaucoup sont supprimés, se battent, sont poursuivis ou mangent dans leurs rêves. Il faut aussi souligner que des gens répondent à leur appel dans le sommeil (*rêve*) ou même éveil alors que personne ne les a véritablement appelés. Dès que tu réponds, c'est que tu as donné ton accord pour l'exécution d'un décret sur ta vie. Les problèmes s'en suivront alors. Pries-tu avant de dormir? C'est très nécessaire.

Une soeur a entendu son nom trois fois dans son sommeil; elle se réveilla donc toute nue et répondit, se leva d'à côté de son mari puis s'en alla: c'est le début de sa démence, elle est devenue ainsi folle.

Les sorciers ont décidé d'en finir avec un frère par le tapage du tam-tam; ils vont faire apparaître le visage du frère sur le tam-tam et commencer par taper, ainsi le gonflement de son visage le conduirait à la maladie puis finalement à la mort. Ils ont essayé une première fois et ça n'a pas marché. La deuxième fois, Jésus-Christ même apparut et ils refusèrent. Au troisième essai le visage du frère apparut et contents qu'ils furent, ils prirent un bâton pour l'assommer quand le visage du frère se transforma en celui de l'un d'entre eux (*sorciers*). A cause de l'élan déjà pris, ils furent obligés de frapper ce visage là. A cause des coups durs qu'il a reçus (*l'un des sorciers bien sûr*), a rendu l'âme le lendemain.

Si les sorciers n'arrivent pas à atteindre par les moyens dont ils disposent, ils attaqueront les affaires, raison pour laquelle tu dois couvrir tes affaires par le sang de Jésus-Christ sinon ils te transformeront en un bon à rien.

Quel décret ont ils pris contre toi? Quelle sentence ou décision ont ils arrêté? Jésus-Christ est prêt à les retourner contre eux. C'est pourquoi DIEU nous a donné un ministère de combat spirituel. Les sorciers seront sous tes pieds au nom de Jésus-Christ de Nazareth.

CHAPITRE 8

UNE ARME DE LA SORCELLERIE: LES RÊVES
(COMMENT VAINCRE LES RÊVES SATANIQUES?)

Définition: **Rêve** - le rêve par définition est une manière naturelle par laquelle le monde spirituel s'éclate dans une vie. Il peut être aussi défini comme un discours sombre de l'esprit. Il est aussi un moyen de révélation. Le rêve est l'un des moyens par lesquels le Seigneur communique avec ses enfants **Job 33v 14 à 16 "DIEU parle cependant, tantôt d'une manière, tantôt d'une autre, et l'on n'y prend point garde. Il parle par des songes, par des visions nocturnes quand les hommes sont livrés à un profond sommeil, quand ils sont endormis sur leur couche. Alors il leur donne des avertissements et met le sceau à ses instructions." Actes 2 v 17 "Dans les derniers jours, dit DIEU, je répandrai de mon Esprit sur toute chair; vos fils et vos filles prophétiseront, vous jeunes gens auront des visions, et vos vieillards auront des songes."**

Il y a deux types de rêves à savoir, les rêves provenant de DIEU et ceux provenant du diable. Mais ce qui nous concerne ici est la deuxième catégorie qui est **le rêve satanique.** Les rêves sataniques n'ont que pour mission de détruire notre vie en exécutant le plan des sorciers **(Mathieu 13 v 25).**

Ce qui est déplorable, c'est que beaucoup ne donnent aucune importance à leurs rêves. Vous convenez avec moi que toute personne normale doit dormir. Tout ce que DIEU a créé pour l'homme est pour son bien. Le sommeil n'est pas une mauvaise chose en elle-même Pour créer une aide à Adam, DIEU le fit tomber dans un grand sommeil avant de prendre sa côte. Le diable étant un tricheur professionnel passe également par les rêves pour exécuter ses plans. Vous devez savoir que ce qui se produit dans le monde physique n'est que le reflet ou le résultat des décisions prises dans le monde spirituel, parce qu'ils tiennent à réussir leur mission.

Les sorciers font oublier les rêves aux victimes. C'est très grave, frère que de rêver et d'oublier l'objet du rêve. Le but réel pour lequel ces sorciers vous empêchent de vous rappeler des rêves que vous avez faits est de tisser des alliances maléfiques avec des âmes innocentes. Le sorcier peut se servir du corps d'une personne que tu connais bien, ou un parent ou encore un proche pour venir à ta rencontre pendant que tu dors. Pour semer la maladie dans certains corps, les sorciers leur donnent à manger dans leur sommeil et pour la guérison de telles maladies, la médecine est incompétente. Il y a des gens qui sont sérieusement malades. Mais de toutes les analyses qu'ils font, aucune n'est positive, ces mêmes sorciers embrouillent le système des appareils pour que le mal ne soit pas détecté.

Il est très important de se rappeler des ses rêves parce que DIEU peut vouloir t'avertir d'un danger planifié dans le camp ennemi contre la vie afin que tu pries pour le déprogrammer.

Quelques exemples de rêves

- Si tu as une fois rêvé (compter de l'argent dans ton rêve) cela aura pour résultat la pauvreté. Tu peux trouver de l'argent mais cela ne restera pas dans tes mains. Pas de réalisation.

- Si tu allaites un enfant dans ton rêve, si tu accouches dans ton rêve ou si tu te vois enceinte dans ton rêve tous veulent dire stérilité.

- Si tu te vois entrain de composer dans une salle de classe que tu as dépassée depuis des années, le résultat c'est que ta vie sera arriérée.

- Si tu rêves et tu vois un de tes parents, amis ou connaissance qui est déjà décédé, ou quelqu'un que tu ne connais même pas, mais qui a l'aspect d'un mort le résultat c'est l'esprit de mort qui rôde autour de toi.

- Si tu rêves souvent et tu te vois dans ton village natal ou dans ta maison familiale, il faut savoir qu'il y a un lien familial qui est à l'origine de ton problème.

- Si tu rêves que tu manges, alors il faut savoir que: soit la sorcellerie t'a été donnée inconsciemment ou une maladie a été injectée dans ton corps.

- Pire! il y a des grandes personnes qui rêvent et le matin elles constatent qu'elles ont urinés au lit. C'est la sorcellerie.

CHAPITRE 9

VAINCRE LES FORCES ANTI-MIRACLES
(LES ESPRITS QUI ATTENDENT DERRIÈRE LA PORTE DE TON MIRACLE)

Définition: **Porte** - Une porte est une vois d'accès à un endroit ou à un lieu. En d'autres termes, c'est un passage qui nous permet de quitter un endroit pour un autre.

Lisons la Bible dans **1 Cor. 16 v 9 "Car une porte grande et d'un accès efficace m'est ouverte, et les adversaires sont nombreux."**

Les portes dont il s'agit dans ce texte sont les portes de bénédictions, d'exploits, de joie. L'apôtre Paul déclare «car une porte grande et d'un accès efficace m'est ouverte» et les adversaires sont nombreux, vous devez savoir que chaque fois que l'on doit jouir d'une grâce spéciale de la part du Seigneur, des adversaires se manifestent. Cela veut simplement dire que quand une bonne occasion se présente à toi, les adversaires se pointent également. C'est une vérité incontestablement immuable que de parler de forces ou puissances maléfiques qui n'attendent que l'ouverture de portes de faveur divine pour se soulever. C'est pourquoi vous allez voir certaines personnes qui souffrent longtemps. Au moment où tout semble se normaliser dans leur vie, un malheur inattendu les frappe.

Nous rencontrons fréquemment ce genre de situation. D'autres, après avoir fini la construction de leur maison n'y passent pas une seule nuit avant que la mort ne leur rende visite. D'autres ne bénéficient que de leur premier salaire et c'est le chaos qui suit. Tu dois savoir que derrière tous ces événements se trouvent les adversaires qui attendent à la porte comme un lion. Sache donc que tu as des ennemis qui sont invisibles jusqu'au moment où les mains touchent quelques chose de vital, quelque chose qui peut changer ta destinée pour frapper. Prenons le cas de Jacob: il a vu la méchanceté familiale frapper à sa porte dès que son père l'a béni et ceci l'a contraint à l'exil.

Genèse 27 v 41-42 "Esaïe conçut de la haine contre Jacob, à cause de la bénédiction dont son père l'avait béni: et Esaü disait en son coeur: les jours du deuil de mon père vont approcher, et je tuerai Jacob, mon frère. On rapporta à Rébecca les paroles d'Esaü, son fils ainé. Elle fit alors appeler Jacob, son fils cadet, et elle lui dit: voici, Esaü, ton frère veut tirer vengeance de toi, en te tuant."

Beaucoup vivent une telle situation aujourd'hui, simplement parce qu'ils ont posé la première pierre de leur maison, programmé leur mariage ou parce qu'une porte s'est ouverte devant eux. La base de ces forces est familiale et elles ont pour origine la sorcellerie, ce qui fait que beaucoup de projets sont abandonnés par leurs planificateurs.

Exemple: Un jeune africain vivant en Europe est venu au pays faire la connaissance de sa future belle-mère et la cérémonie des fiançailles. Il a même commencé la construction d'une maison, dans son pays ici, promettant à sa fiancée son retour pour le mariage. Il disparut pendant sept ans et pire encore il a été non joignable durant tout ce temps. Le problème, c'était qu'une tante de la fiancée a décidé ne jamais les voir célébrer ce mariage. Sache à qui tu dis tes secrets; aucune des filles de cette tante n'est demandée en mariage. Raison pour laquelle elle ne veut pas voir sa nièce le faire.

Psaumes 127 v 4 à 5 "comme les flèches dans la main d'un guerrier, ainsi sont les carquois! ils ne seront pas confus, quand ils parleront avec des ennemis à la porte."

Tu es comme une flèche dans les mains du grand guerrier et tu ne seras pas confus en face des ennemis à la porte. Depuis des années tu attends l'ouverture d'une porte (*d'affaires, de travail de mariage etc…*) sais-tu que les portes écoutent et parlent? Dans **Psaumes 24 v 7 à 8** la Bible dit ceci **"Portes, élevez vos linteaux; elevez-vous, portes éternelles! Que le roi de Gloire fasse son entrée! Qui est ce roi de gloire? L'Eternel fort et puissant, l'Eternel puissant dans les combats."** Le Psalmiste a parlé aux portes et elles ont écouté. C'est pourquoi elles ont répondu qui est ce roi de gloire?

Si les portes ont écouté et répondu au Psalmiste alors tu peux parler aux portes qui sont fermées par les méchants sur ta vie. Prends autorité sur toutes les résistances de ces portes. Veux– tu un emploi? Parle à la porte d'emploi et ordonne-lui pour qu'elle s'ouvre à toi. Tu veux te marier parle à la porte du mariage de s'ouvrir afin de laisser ton conjoint venir vers toi? Veux tu un capital d'affaires? DIEU amènera à l'existence ce que tu auras déclaré.

Depuis des années, tu te lamentes devant la porte de ton miracle. Tu pleures, tu gémis, ce n'est pas la solution. Tes pleurs ne peuvent rien changer bien au contraire c'est dans les temps difficiles que tu vas utiliser la parole de DIEU pour trouver des résultats concrets. DIEU te donne le pouvoir, l'occasion de défoncer les portes verrouillées qui sont devant toi, afin que tu quittes le négatif, l'échec, à la victoire totale.

En lisant cet ouvrage, prend une décision car la Bible dit tout ce que tu lieras sur cette terre sera lié au ciel.

CHAPITRE 10

TA DESTINÉE FACE Á LA SORCELLERIE FAMILIALE

Dans ce thème, nous avons trois mots clés que nous allons d'abord définir.

- **La destinée**

C'est le plan de DIEU pour ta vie, c'est le futur que DIEU a établi d'avance pour toi. C'est ce que tu seras ou ce que tu es déjà. Si tu ne l'es pas encore, tu dois te lever pour rechercher et connaître ce plan divin pour ta vie afin de parvenir à cela. Si tu l'es déjà, sache que ce n'est pas une fin en soi car il y a des jaloux autour de toi (*des tueurs de destin*); bats-toi donc pour la conserver. En résumé, ce pour quoi tu es né est ta destinée, c'est ce que DIEU, avait dans son coeur avant de te créer et de t'envoyer sur terre. C'est ce que DIEU a écrit dans son livre d'or à ton sujet. A plusieurs endroits dans la Bible, Jésus nous a parlé de sa destinée « le fils de l'homme s'en va selon qu'il est écrit ». Ecoute, Pierre voulait empêcher Jésus d'atteindre sa destinée mais Jésus ne le lui a pas permis, il s'est retourné en disant: arrière de moi, Satan!

Tu dois t'énerver contre toute puissance qui s'oppose à la réalisation de ce qui est écrit sur toi dans le livre d'or **Jérémie 29 v 11 "Car je suis avec toi, l'Eternel, pour** te délivrer, j'anéantirai toutes les nations parmi lesquelles je t'ai dispersé, mais toi, je ne t'anéantirai pas; je te châtierai avec équité, je ne puis pas te laisser impuni". Jérémie 1 v 5 "avant que je t'eusse formé dans le ventre de ta mère, je te connaissais et avant que tu fusses sorti de son sein, je t'avais consacré, je t'avais établi prophète des nations."

- <u>Famille</u>

C'est un ensemble de personnes constitué du père, de la mère et des enfants. Dans le sens élargi du mot nous pouvons citer les tantes, les oncles, les grands-parents etc... On ne peut pas parler de famille sans parler de domicile.

- <u>Domicile</u>

C'est une maison, un lieu d'habitation ordinaire, une demeure légale et habituelle, c'est un logement une résidence, l'unité domestique qui comprend tous les membres de la famille qui vivent ensemble.

- <u>Sorcellerie</u>

Sa signification en grec est python, un python est un grand serpent appelé destructeur. Les destructeurs tuent leur proie, en les étouffant tout doucement. De même, l'esprit de python essaye d'étouffer les gens afin d'embrouiller leur destinée. Dans le mot sorcellerie, nous avons sorcier qui veut dire se coucher ou changer les personnes et leur situation en pire. C'est la maison de coordination du souhait du diable. **Jean 10 v 10 "voler tuer et détruire"** c'est l'arme que satan utilise pour faire et défaire. Mais la Bible dit que Jésus le fils de DIEU a paru afin de détruire les oeuvres du diable.

Parlant de la destinée face à la sorcellerie domiciliaire, la méchanceté familiale en est complice. Les gens qui devaient être la tête sont devenus la queue, ceux qui devaient avoir des enfants sont stériles, ceux destinées au mariage sont dans le célibat, ceux qui devaient avoir leur propre entreprise, maison voiture, etc. se sont retrouvés au bas de l'échelle et ils se demandent quel péché qu'ils ont commis pour mériter cela. Ils cherchent la cause de leur malheur loin d'eux, alors que la Bible atteste clairement que chacun aura pour ennemis les gens de sa maison. Commence donc tes recherches dans la maison, cher ami; tout homme naît avec son étoile: l'étoile parle de ton présent et de ton futur. Il y a des membres de ta famille qui ne veulent pas que tu les dépasses ou que tu dépasses leurs enfants. Pour ce faire, un combat spiritual naît, **Genèse 4, 8 à 12 "il est question ici de deux frères sortis du même sein, Caïn et Abel: les deux ont offert à DIEU puis DIEU a agréé l'offrande d'Abel et a rejeté celle de Caïn. En d'autres termes, Abel est rentré en possession de la bénédiction divine. La haine et la jalousie ont poussé son frère Caïn à le tuer."**

Retenez que la bénédiction divine ou la destinée d'un homme ne dépend pas de sa position familiale. Caïn était l'aîné et Abel le cadet, tous deux sont nés d'Eve:

demeurer dans le même ventre n'est pas une condition ou synonyme d'avoir la même destinée. Prends le cas des frères jumeaux Esaü et Jacob et cesse de voir la destinée par rapport à ce que tes parents ont vécu ou par rapport à ta situation actuelle. Tu peux te coucher cette nuit et le jour qui se lèvera demain fera briller l'éclat de ton étoile par le biais du soleil pour accomplir ton destin. Dans **Genèse 4 v 10 le Seigneur dit à Caïn: "Pourquoi as-tu fait cela? j'entends le sang de ton frère qui crie vengeance."** Ton étoile va crier vengeance et le sol dans lequel elle a été enterrée sera obligé de la vomir au Nom de Jésus.

N'as-tu pas envie de construire ta propre maison, d'avoir des enfants, de voyager comme les autres, d'avoir de l'argent pour faire de grandes réalisations comme les autres? Une seule chose t'est demandée: faire appel à DIEU de faire briller l'éclat de ton étoile qui représente ta destiné. Nous voyons aujourd'hui beaucoup de conducteurs de zémidjan (taxi moto) qui ont déjà fait de brillantes études, ils parlent du français raffiné mais pas d'emploi; et pour éviter d'être des dangers publics, ils choisissent de conduire zémidjan pour gagner leur vie ou subvenir à leur besoin.

Lève- toi! certainement quelqu'un est sur le chemin de ta destinée et l'empêche d'évoluer. Mais je t'assure que par la prière agressive, cette personne sera déplacée afin que tu entres dans le cercle de ton destin. C'est pourquoi chaque jour que DIEU fait, moi je prie en ces termes « quiconque entrera dans le cercle de mon destin soit

51

grillé par le feu du Saint-Esprit au nom de Jésus-Christ de Nazareth ».

Peux- tu faire comme moi? Tu auras forcément le résultat que tu veux. Ta vie changera au nom de Jésus-Christ de Nazareth!

CHAPITRE 11

LES SEPT MÉTHODES POUR UNE PRIÈRE VICTORIEUSE

Les vrais intercesseurs ne sont souvent ni vus, ni connus, ni approuvés des hommes, mais DIEU les voit, les Connaît et les approuve. Il sont la cible première du diable mais dans le même temps, ils sont la prunelle de l'oeil de l'Eternel.

Les intercesseurs se reconnaissent par leur humilité, leur douceur, leur amour, leur vie de sainteté et surtout leur vie de prière intense **Genèse 18 v 16 à 33 "ces hommes se levèrent pour partir, et ils regardèrent du côté de Sodome Abraham alla avec eux, pour les accompagner. Alors l'Eternel dit: acherai-je à Abraham ce que je vais faire? l'Eternel s'en alla, lorsqu'il eut achevé de parler à Abraham. Et Abraham retourne dans sa demeure."**

Exode 32 v 9 à 14 l'Eternel dit à Moïse "je vois que ce peuple est un people au cou raide, maintenant laisse-moi, ma colère va s'enflammer entre eux, et je les consumerai, mais je ferai de toi une grand nation et l'Eternel se repentit du mal qu'il avait déclaré vouloir faire à son peuple."

La prière conquérante est une prière qui a le pouvoir d'amener DIEU à changer de décision et révoquer également les décrets sataniques.

- **Première méthode**

La prière du jeûne: qu'est ce que c'est?

Jeûner, c'est se priver du manger, de la boisson et de tous plaisirs pendant une période et pour un but précis. Il n'y a pas de prix Noble du jeûne, alors on ne jeûne pas pour avoir un palmarès ou pour s'exhiber. Le jeûne est l'une des positions les plus indiquées pour obtenir la faveur, le secours, l'aide, l'intervention et le miracle de DIEU. **Esther 4 v 15 à 17, "Esther envoya dire à Mardochée; va rassemble tous les juifs qui se trouvent à Suse, et jeûnez pour moi, sans manger ni boire pendant trois jours, ni la nuit ni le jour. Avec mes servantes, puis j'entrerai chez le roi, malgré la loi; et si je dois périr, je périrai, Mardochée s'en alla, et fit tout ce qu'Esther lui avait ordonné."**

Beaucoup de chrétiens négligent le jeûne alors que tous ceux qui ont fait des exploits dans la Bible ont pris par ce chemin, **Exode 24 v 12 à 18 l'éternel dit à Moïse: "monte vers moi sur la montagne, et reste là je te donnerai des tables de pierre, la loi et les ordonnances que j'ai écrites pour leur instruction. Moïse se leva, avec Josué que le servait et Moise monta sur la montagne de DIEU Moïse entra au milieu de la nuée, et il monta sur la montagne, Moïse demeura sur la montagne quarante jours et quarante nuits."**

Le jeûne nous permet d'avoir un esprit supérieur: Il nous rend mature, victorieux et nous donne la capacité d'affronter toutes les situations et les renverser en notre faveur. Il nous permet de mieux nous humilier et de mortifier notre corps afin que DIEU ait un accès facile à notre vie. Il est impossible de rentrer dans les profondeurs de DIEU sans une vie de Jeûne. **Mathieu 17 v 21 "mais cette sorte de démon ne sort que par la prière et par le jeûne."** Il y a certaines montagnes qui ne se déplacent que dans le jeûne.

- **Deuxième méthode**

La prière de la foi

Prier avec Foi, c'est:
- Prononcer une parole avec conviction
- Faire une déclaration ferme,
- Prophétiser positivement
- Confesser victorieusement
- Dire une parole avec une pleine assurance
- Amener à existence par la parole ce qui n'existe pas et croire cela,
- Décréter pour révoquer un décret déjà existant.

La prière de la foi est souvent courte et spontanée, c'est croire en ce que tu dis ou fais. Quand on est en face d'un danger ou d'une difficulté, on doit prononcer une parole de foi ou faire une prière de foi.

Exode 14 v 13 à 14 Moïse répondit au peuple: "ne craignez rien, restez en place et regarder la délivrance que l'Eternel va vous accorder en ce jour; car les égyptiens que vous voyez aujourd'hui, vous ne les verrez plus jamais."

Josué 10 v 12 à 19 Alors, Josué parla à l'Eternel, le jour où l'Eternel livra les Amoréens aux enfants d'Israël, et il dit en présence d'Israël: "Soleil, arrête – toi sur Gabaon, et toi lune, sur la vallée d'Ajalon! et vous, ne vous arrêtez pas, poursuivez vos ennemis et attaquez –les par derrière; ne les laissez pas entrer dans leur ville, car l'Eternel, votre DIEU, les a livrés entre vos mains."

La parole de DIEU nous investit d'une force et d'un pouvoir par lesquels nous avons une autorité spirituelle qui nous permet de changer toutes les situations, les circonstances et obstacles qui se présenteront devant nous.

- Exemple d'Ezéchias qui prononça une parole de foi, de confiance et de détermination dans le coeur de son peuple en les rassurant de la victoire que DIEU leur accordera, 2 chroniques 32 v 5-8.

- Exemple de l'Apôtre Paul qui rassura par une parole de foi ceux qui étaient avec lui dans le navire. Actes 27 v 21-22

- Exemple de Josué qui arrêta la course du soleil et de la lune rien qu'à partir d'une parole prononcée, Josué 10 v 12-14.

- Exemple de David qui dit à Goliath qu'il le tuerait et lui couperait la tête 1 Samuel 14 v 45-50.

- **Troisième méthode**

La prière de combat

C'est la prière de délivrance, de déprogrammation, de libération, de rétablissement, de déblocage, de force de puissance, de guerre, de lutte et de brisement. Elle est uniquement centrée sur le diable. Ses démons, ses mauvais esprits, ses agents visibles et invisibles, ses oeuvres et son empire. Un chrétien qui ne combat pas, ne peut pas expérimenter la victoire car il n'y a pas de victoire sans combat.

Chaque famille sur terre a reçu la visitation du diable d'une manière ou d'une autre et nous savons tous qu'il ne vient que pour détruire, ruiner, bloquer et lier. Pour l'efficacité de la prière de combat, il faut se munir des armes spirituelles comme la Bible l'a dit dans **Ephésiens 6 v10 à 18 "Au reste, fortifiez-vous dans le Seigneur, et par la force toute-puissante, Revêtez-vous de toutes les armes de DIEU, afin de pouvoir tenir ferme contre les ruses du diable faites en tout temps par l'Esprit toutes sortes de prières et de supplications. Veuillez à** cela avec une entière persévérance, et priez pour tous les saints."

- ## Quatrième méthode

La prière d'intercession

Intercéder c'est:
- Plaider pour une cause
- Défendre un coupable,
- Supplier
- Présenter des requêtes et des doléances
- Attirer la faveur, la compassion, le pardon et la miséricorde de DIEU sur une famille, une nation ou un individu,
- Importuner DIEU,
- Prier avec patience, persistance, persévérance jusqu'à l'exaucement. **Luc 18 v 1 à 8 Jésus leur adressa une parabole, pour montrer qu'il faut toujours prier et ne point se relâcher je vous le dis, "il leur fera promptement justice, mais, quand le fils de l'homme viendra, trouvera – t – il la foi sur la terre?"**

L'intercession est d'une grande importance dans l'église, la nation, lorsqu'une église manque d'intercession, la faillite spirituelle, la division et la mort spirituelle s'installent. Elle devient automatiquement le repère et la proie des sorciers, des vampires et des malfaiteurs. L'intercession peut apporter le changement le réveil la restauration, la puissance, la vie, la gloire de DIEU aussi bien dans une église que dans un foyer et dans une nation. Les intercesseurs de l'église doivent donc prendre au sérieux et connaître le rôle qui est le leur. Un intercesseur ne doit pas critiquer, juger ou condamner. Sa mission est de plaider, pleurer, gémir et implorer la grâce de DIEU jusqu'au changement. L'intercesseur est un avocat défenseur, un gardien, une sentinelle un réparateur.

- **Cinquième methode**

La prière de voeu

C'est:
- Demander quelque chose à DIEU avec une promesse à l'appui,
- Demander en prenant une engagement sacré,
- Prier en mettant DIEU à l'épreuve,
- Une prière de défi.

C'est la méthode la plus rapide et efficace qui puisse exister car elle oblige DIEU à agir quand bien même il ne le voudrait pas. Elle:
- Stimule DIEU
- Mobilise le ciel
- Attire l'attention de DIEU d'une manière particulière
Il y a une puissance, un miracle, un mystère, une force inébranlable et indestructible dans la prière de voeu. Cette prière ne se fait pas n'importe comment; elle n'est recommandée que dans les cas critiques

1Samuel 1v10 à 11 Et l'amertume dans l'âme, elle pria l'Eternel et versa des pleurs. Elle fit un voeu, en disant: "Eternel des armées! si tu daignes regarder l'affliction de ta servante, si tu te souviens de moi et n'oublies point ta servante, et si tu donnes à ta servant un enfant mâle, je le consacrerai à l'Eternel pour tous les jours de sa vie, et le rasoir ne passera point sur sa tête."

Le voeu déclare DIEU, alors qu'il ne se déclare pas n'importe comment car son déplacement est toujours terrible et salutaire, on ne doit donc pas faire n'importe quel voeu à DIEU. Le cas de Jephté en est un exemple concret. Faire la prière de voeu, c'est aussi expérimenter DIEU, elle rend le coeur de DIEU sensible et flexible.

Juges le chapitre 11; Genèse 28 v 20 22 Jacob fit un voeu, en disant: "si DIEU est avec moi et me garde pendant ce voyage que je fais, s'il me donne du pain à manger et des habits pour me vêtir, et si je retourne en paix à la maison de mon père, alors l'Eternel sera mon DIEU; cette prière, que j'ai dressé pour monument, sera la maison de DIEU, et je te donnerai la dîme de tout ce que tu me donneras."

- <u>Sixième methode</u>

La prière de souvenir ou prière référentielle

Elle est un monument ou un acte gigantesque que tout croyant doit dresser ou poser afin que cela lui serve d'appui et de témoignage entre le ciel et lui, vice-versa.

La prière du souvenir est aussi l'une des méthodes les plus efficaces et terrifiantes qui puissent exister. Elle consiste à dresser un monument ou à poser un acte par rapport à DIEU à une oeuvre, à ses enfants et à ses serviteurs. La prière de souvenir est puissante parce qu'elle fait changer d'avis à DIEU; elle fait annuler les decisions prises par DIEU lui-même concernant une personne, un peuple ou une nation.

En principe, chaque chrétien doit avoir son nom écrit dans le livre de souvenir afin de faire des rappels à DIEU en son temps pour bénéficier de son intervention salvatrice. Beaucoup crient à DIEU aujourd'hui mais leur prière n'a pas de support car ils n'ont rien fait pour marquer DIEU ou le toucher sur son trône. Il est très important pour chaque chrétien d'investir dans l'oeuvre de DIEU en posant des actes qui seront des monuments de témoignage dont le souvenir amènera DIEU à nous bénir ou décanter une situation au temps convenable. Le roi Ezéchias en est un exemple concret dans la Bible. **2 Rois 20 v 2 à 6 Ezéchias tourna son visage contre le mur et fit cette prière à l'Eternel: "Ô Eternel souviens – toi que j'ai marché devant ta face avec fidélité et intégré de coeur, et que j'ai fait ce qui est bien à tes yeux! et Ezéchias répandit d'abondantes larmes, Esaïe qui était sorti, n'était pas encore dans la cour du milieu, lorsque la parole de l'Eternel lui fut adressée en ces termes: retourne, et dis à Ezéchias, chef de mon peuple: ainsi parle l'Eternel, le DIEU de David ton père, j'ai entendu ta prière, j'ai vu tes larmes, voici, je te guérirai, le troisième jour, tu monteras à la maison** de l'Eternel. J'ajouterai à tes jours quinze années. Je te délivrerai, toi et cette ville, de la main du roi d'Assyrie, je protégerai cette ville à cause de moi, et à cause de David, mon serviteur."

Néhémie 13 v 14 et 22 "souviens toi de moi, ö DIEU, à cause de cela, et n'oublie pas mes actes de piété à l'égard de la maison de mon DIEU et des choses qui doivent être observées! J'ordonnerai aussi aux lévites de se purifier et de venir garder les portes pour sanctifier le jour du sabbat. Souviens-toi de moi, Ô mon DIEU, à cause de cela, et protège moi selon ta grande miséricorde."

- **Septième methode**

La Prière par la louange et l'adoration

Il n'y a rien que DIEU aime et chérit comme la louange et l'adoration, la bible nous révèle que DIEU siège au milieu de la louange et l'adoration. Il y a une chose que DIEU ne peut pas faire, il ne peut pas se louer et s'adorer. Pour ce faire, nous pouvons dire que le manger, la boisson et la respiration de DIEU sont la louange et l'adoration. En louant DIEU sérieusement et profondément, on peut être guéri, délivré, recevoir la plénitude du Saint-Esprit, recevoir un don de l'Esprit et ou l'explosion de son don spirituel. Aucun problème, aucune maladie et aucune difficulté ne peuvent résister devant quelqu'un qui loue et adore DIEU du fond de son coeur. **Actes 16 v 25 à 34, Vers le milieu de la nuit, Paul et Silas priaient et chantaient les louanges de**

DIEU, et les prisonniers les entendaient. Tout à coup il se fit un grand tremblement de terre, en sorte que les fondements de la prison furent ébranlées, au même instant, toutes les portes s'ouvrirent, et les liens de tous les prisonniers furent rompus. Les ayants conduits dans son logement il leur servit à manger, et il se réjouit avec toute sa famille de ce qu'il avait cru en DIEU.

La voiture, l'avion, le bateau et le Maître qui peuvent conduire quelqu'un dans la présence de DIEU sont la louange et l'adoration. Il est aussi important d'utiliser cette méthode et vous verrez le changement du négatif en positif; la malédiction cédera sa place à la bénédiction, les murs de votre Jéricho s'écrouleront. La louange vous épanouit et vous rend vainqueur; Paul et Silas en prison, sont des exemples palpablesdans la Bible.

La Bible dit au milieu de la nuit pendant qu'ils louaient et adoraient le Seigneur les murs de la prison se sont écroulés et les portes se sont ébranlées. Tu es peut-être dans une prison spirituelle: prison de maladie, de célibat, de chômage, de dette, d'envoûtement etc. choisit cette méthode de prière, applique la et tu verras ce que DIEU fera pour toi. Il va te délivrer de cette prison et tu donneras un témoignage; crois et tu verras la gloire de DIEU se manifester dans ta vie au nom de Jésus-Christ de Nazareth.

CHAPITRE 12

VAINCRE LES FORCES QUI COMBATTENT CONTRE VOTRE MARIAGE OU VOTRE FOYER

Il y a une réalité que beaucoup vivent de nos jours: les forces maléfiques qui s'attaquent aux foyers. Le diable a relâché dans notre génération de méchantes forces qui luttent contre les mariages et qui se chargent d'empêcher les gens de se marier. Ces forces détruisent les foyers bien établis en y causant des difficultés financières et en y faisant entrer la maladie et la mort. Le chaos dans le mariage est provoqué par les forces maléfiques. Ces forces sont dans le monde entier. Elles surveillent, manipulent, pillent et détruisent les foyers à une vitesse de croisière. Elles sèment souvent l'incompréhension dans le but de séparer le mari de sa femme sans aucune raison valable. Cette séparation n'est que le résultat de ce qui a été commandé dans l'invisible par ces forces. Ces mêmes forces empêchent certaines personnes de se marier. Sur certaines personnes, elles mettent une étiquette qui les fait tourner en rond sans trouver leur conjoint. Dans certains cas, cela est dû à une intervention familiale (*les balafres, les scarifications, les adorations d'idoles familiales, les consultations divinatoires, etc....*)

S'il y a un combat que le diable mène aujourd'hui avec son hardiesse, c'est celui contre les foyers et le mariage. Certains parents aussi ont dédié leurs enfants, même avant leur naissance à des fétiches (*dansi, dansou, tronsi, etc...*). C'est déjà un mariage consommé. Ces enfants une fois grands ont des difficultés pour se marier. Certains couples cherchent la stabilité et la paix de leur foyer auprès des féticheurs et marabouts. L'homme ne peut te donner que ce qu'il a. Mais le diable n'a ni paix, ni stabilité; cesse donc de faire cette course aux charlatans. La paix que le monde cherche et ne trouve point est celle que Jésus donne. Plusieurs sont ces foyers qui souffrent de nos jours, le mari et sa mère s'associent même dans certains cas pour bastonner l'épouse.

Dans d'autres cas, la femme qui a souffert avec son mari meurt subitement au moment même où elle devait commencer par jouir des fruits de sa patience. **Colossiens 2 v 14 Il a effacé l'acte dont les ordonnances nous condamnaient et qui subsistait contre nous, et il l'a détruit en la clouant à la croix Galates 3 v 12 à 14 Christ nous a rachetés de la malédiction de la loi, étant devenu malédiction pour nous, car il est écrit: maudit est quiconque est pendu au bois. Afin que la bénédiction d'Abraham eût pour les païens son accomplissement en Jésus-Christ, et que nous reçussions par la foi l'Esprit qui avait été promis.**

Toi qui es sur le point de te séparer de ton mari ou ta femme, je te conseille de ne pas le faire car je te présente quelqu'un qui est le procureur de la paix. Accroche – toi à la prière: aucune situation, aussi difficile soit-elle ne résiste à la prière. Difficile n'est d'ailleurs pas synonyme d'impossible. Il n'y a pas de mariage sans problème mais le seul moyen de dissiper ces problèmes sans aucune trace est l'utilisation des écritures.

Laissez-moi vous dire aussi cette réalité. Beaucoup de foyers ont des problèmes aujourd'hui faute de communication. Il y a d'autres mariages qui ne sont pas basés sur Jésus-Christ qui représente le roc. En un mot beaucoup n'ont pas cherché la face de DIEU pour leur mariage. Mais plutôt la face de l'homme parce qu'il a l'argent, il est beau et vice-versa. Ces personnes se sont jetées dans le mariage, le mariage qui est un chemin de non-retour et aujourd'hui ils subsistent les conséquences néfastes. Ne vous pressez pas dans le choix de votre conjoint (e) car vous aurez à rester ensemble pour toute votre vie. Sachez qu'il y a une différence entre vitesse et précipitation. Que DIEU vous aide à comprendre ce message. L'argent ne fait pas le bonheur. Ne suivez pas l'argent que votre partenaire a pour vous engager dans le mariage avec lui. Vous pouvez rencontrer un pauvre et votre union fera de vous un couple très riche car DIEU l'a cautionnée.

Exemple: Un pasteur demandait à DIEU de lui donner la femme de sa vie. Il priait avec insistance. Deux fois il a reçu la visite de deux femmes différentes qui sont des estropiés. Le pasteur accusait le diable et il disait toutes les deux fois arrières de moi satan, satan tu es vaincu, une troisième fois il rencontra une autre aussi estropiée et il l'a renvoyée comme les autres fois et DIEU l'averti à l'instant même: si tu le fais, tu mourras car c'est mon choix pour toi. Il obéit à la voix de DIEU.

Il prit la femme et les deux se sont mariés. Elle tomba enceinte et le jour de l'accouchement, l'enfant avait des difficultés pour sortir. Le pasteur priait avec insistance et quelques temps après, au moment où la tête de l'enfant sortit, les deux pieds de la femme se sont redressés (*gloire à DIEU*). Personne n'avait prié pour les pieds de cette femme.

Un pasteur Américain a apprit ce grand miracle et le couple a été invité aux Etats-Unis pour rendre témoignage dans plus de trente églises. Ils sont rentrés très bénis (*des centaines d'instruments de musique, avec beaucoup de fortune et des subventions pour l'église du pasteur*).

C'est le résultat de son obéissance car sans cette femme il ne pouvait pas obtenir cette grande bénédiction.

Arrête de voir autour de toi. Regarde loin et obéit à la voix de DIEU pour ton mariage et tu auras les récompenses.

AMEN!

CHAPITRE 13

COMMENT PRENDRE LE CONTRÔLE DE LA JOURNÉE?

Définition: **Journée** - La journée est par définition un espace de temps qui s'écoule du lever au coucher du soleil. Le jour est la clarté ou la lumière que le soleil répand sur la terre, le jour sort de la nuit. Le jour est un enjeu dans le combat spirituel.

Il constitue une réalité vivante qui entend et qui parle un langage particulier Psaumes 19 v 3 à 5. Le jour est capable de parler pour ou contre nous, en votre faveur ou défaveur. Quand cela arrive, on dira un jour: «ceci ou cela s'est passé». Il peut s'agir d'un évènement heureux ou malheureux: le jour aura ainsi parlé en notre faveur ou défaveur. Ma prière est que le jour défende toujours notre cause.

Vos verrez dans la bible certains hommes de DIEU qui s'en prennent à un jour particulier à savoir leur jour de naissance. Cas de Job; Job 3 v1à10, cas de Jérémie: Jérémie 20 v 14. Il y a aussi une réalité indéniable dans le contenu d'une journée, elle (*la journée*) a deux portes, une porte d'entrée et une porte de sortie. Son explication se trouve dans le simple fait qu'on entre dans une journée et on ne peut entrer que là une porte ou une ouverture existe. La porte d'entrée de la journée se situe entre 00h et 3h du matin; la porte de sortie de la journée se situe entre cinq heures et sept heures du soir (*17 h et 19h*). La journée comporte donc un vide qui nous permet de nous recharger entre dix-neuf heure et minuit ou de faire le bilan et la programmation. Pour vous donner une illustration compréhensive prenons le cas d'une maison clôturée ayant un portail; il y a la une distance qui sépare le portail de la porte du salon et une distance sépare la porte du salon de l'arrière cour.

Pour prendre le contrôle de la journée, il faut prendre le contrôle de la porte d'entrée et lui donner des instructions. Cela se passe entre minuit et trois heures du matin: c'est pour cette raison d'ailleurs que les voyageurs nocturnes à savoir les sorciers n'accomplissent leur mauvais dessin qu'entre 00h et 03 h du matin. Bien aimé il faut que tu connaisses ces secrets: DIEU t'a également donné le pouvoir de lier et de délier puis le ciel n'a que pour mission d'exécuter ce que tu auras déclaré. En un mot, tu peux, par ta parole, ouvrir une porte ou la fermer sur ta vie (*Colossiens 4 v 3 à 4*). Tu peux par la prière, ta déclaration, restaurer ta vie quand elle semble coincée ou bloquée.

Exemple: l'ouverture des portes de mariage, la restauration de la fonction de procréation, de fécondité ou de fertilité pour sortir des geôles de la stérilité,
l'ouverture des portes de la guérison pour sortir d'une maladie, l'accès à un emploi ou à une promotion méritée,
l'ouverture des portes d'un pays par l'obtention du visa,
l'obtention d'un diplôme pour couronner notre sérieux au travail, l'ouverture des portes d'un projet.

Prenons le cas de Paul et Silas en prison dans Actes 16 v 25 à 26 c'est à cette période considérée comme la porte principale de la journée qu'ils priaient et chantaient quand tout à coup les fondements de la prison se sont ébranlés toutes les portes s'ouvrirent et les chaines qui retenaient les prisonniers captifs tombèrent. Ce n'est pas nécessaire de prier pendant trois heurs de temps, ce qui est important c'est que la prière soit faite dans cette période de la nuit qui marque le début de la journée voire le retour de la journée.

Préparation

Une repentance sincère est de mise. Si par exemple il s'agit de l'ouverture d'une porte de diplôme, il convient de confesser au SEIGNEUR toutes les fois que l'on a confié son avenir scolaire, professionnel à d'autres dieux qui lui (*marabout, féticheur, mânes des ancêtres, génies de famille, etc…*)

Les étapes de la prière

Il s'agit ici de combattre la porte d'opposition pour la détruire.

Exemple: si nous souhaitons le mariage il faut d'abord combattre la porte d'opposition qui est le célibat afin de la détruire avec le sang de JESUS et le feu du SAINT-ESPRIT. Lire pour cela Psaumes 24 v 1à 6. Nous devons présenter ensuite au SEIGNEUR nos mains innocentes et notre coeur pur; consacrons – lui ensuite notre âme et rappelons-lui notre attachement à la vérité. Crions après cela à la porte du mariage afin qu'elle s'ouvre et que nous y entrions avec le ROI de GLOIRE ETERNEL des armées Psaumes 24 v7.

Traitons avec le SEIGNEUR sur la base de Genèse 2 v 18 et réclamons notre conjoint en allant à sa rencontre par une prière sur la base de Mathieu 25 v 1 puis rendons grâce à DIEU avec Romains 8 v 28, Psaumes 5 v 2 à 4, Lamentations 3 v 22 à 23, Job 38 v 12 à 15.

Ce passage de la Bible nous montre que nous pouvons prendre autorité ou commander la journée. Le verset 14 de Job 38 nous parle de l'argile qui est par définition une roche terreuse avide d'eau imperméable et plastique. Quand le potier prend l'argile, il lui donne la forme qui lui plaît. L'évocation biblique de l'argile et l'allusion au changement ou à la transformation nous confirment que nous sommes le potier de notre propre vie.

Nous pouvons changer, en accord avec la parole de DIEU, le jour à notre convenance et le transformer comme le potier donne une forme à l'argile, en faisant porter à ce jour le vêtement de notre choix, il est aussi nécessaire de prier pour détruire les plans sataniques que contient ce jour -là pour empêcher leur exécution.
Prier avec Job 5 V 12 à 14, Psaumes 10 v 15, Jérémie 10 v 11, Psaumes 45 v 10 à 11, Esaïe 32 v 1 à 2.

Il ne s'agit pas de réciter ou de lire simplement ces versets mais il faut prendre chaque mot et le personnaliser. Après cela, ajoutez-y vos intentions car le psalmiste a un état d'esprit spécifique, une situation bien déterminée avant d'écrire chaque psaumes, ajoutez donc à vos requêtes personnelles et proclamations selon Esaïe 55 V 11.

CHAPITRE 14

COMMENT PRENDRE LE CONTRÔLE DE LA SEMAINE?

Définition: **Semaine** - une semaine est un ensemble de jour au nombre de sept.

Selon la bible, le premier jour de la semaine correspond au Dimanche. Pour prendre le contrôle de la semaine, il faut réussir à prendre le contrôle de la porte d'entrée du premier jour. Comment le 1er jour de la semaine correspond – il au dimanche? Mathieu 28 v 1 « Après le sabbat, à l'aube du premier jour de la semaine » le sabbat correspond au samedi et l'aube après le sabbat est indubitablement le dimanche. La version « le semeur » de la bible dit: « après le sabbat, comme le jour commençait à joindre le dimanche matin ».

Marc 16 v 9 "JESUS ressuscité le matin du premier jour de la semaine." Pour donc prendre le contrôle d'une semaine, il faut agir, non pas dans la nuit du dimanche au lundi mais plutôt dans la nuit du samedi au dimanche entre minuit et trois heures du matin, c'est en ce moment que la semaine naît comme un bébé, tu peux lui donner la forme que tu veux, arranger ses narines, ses oreilles à ton choix, ainsi de suite. C'est le moment propice pour semer de bonnes graines spirituelles qui produiront de bons fruits spirituels pendant les sept jours. Le spirituel donnera ensuite naissance au physique et la semaine sera positive pour toi.

Les bonnes graines spirituelles dont il est question ici sont les paroles qui sortent de la bouche. Ta parole est une semence telle que la bible l'a mentionnée, c'est surtout par rapport au contrôle de la semaine qu'il faut utiliser le verset 3 du Psaumes 19 car, si dimanche reçoit l'instruction de ta part, il la communiquera au lundi, ainsi de suite.

Illustratio: Si le Président Général d'une entreprise veut faire passer une décision dans sa firme, il suffit qu'il en informe son Adjoint qui tient le Chef du Personnel informé puis le Personnel est mis au courant.

CHAPITRE 15

COMMENT PRENDRE LE CONTRÔLE DU MOIS?

Définition: **Mois** - un mois est par définition chacune des douze divisions de l'année; c'est un espace de temps qui est d'environ trente jours.

Tout comme la journée, le mois a deux portes à savoir la nouvelle lune et la pleine lune. A cause des oeuvres provenant de la manipulation de la lune qui est une créature de DIEU par les idolâtres (*les adorations, les rites etc...*), il convient en tant qu'enfant de DIEU, de placer des embuscades spirituelles deux jours avant leur avènement et d'assainir l'atmosphère deux jours après la disparition, pour prendre le contrôle du mois. Etant donné que les satanistes prennent la lune pour leur DIEU, ils en font une idole et polluent l'atmosphère du mois par leurs rituels.

Le danger néfaste de cet acte est qu'ils soumettent tous ceux qui sont dans l'ignorance à la décision ou à l'alliance qu'ils ont fixé avec la lune pour le mois, mais puisque la lune a été créée par DIEU, créateur du ciel et de la terre, tu peux en vertu de l'autorité que DIEU t'a donnée, parler à la lune en lui disant d'écouter la voix de son créateur. Si les satanistes le font et elle obéit, Combien à plus forte raison toi qui a reçu le mandat de dominer en tant qu'enfant de DIEU se doit de le faire.

Dans ce cas, la prière doit aller à l'encontre des utilisations maléfiques de l'astre qui préside à la nuit. L'astre est un corps céleste considéré par rapport à son influence sur les êtres humains (*étoiles, astrologie planètes, satellites, etc...*)

Exemple: L'astre du jour le soleil. Le monde est fait d'astres et d'hommes.

Préparation

1- La repentance est nécessaire, voire indispensable, surtout par rapport à nos liens avec l'horoscope, l'astrologie et toutes nos croyances et pratiques traditionnelles en relation avec le ciel, personnellement et spécifiquement avec la lune.

2- Rendre grâces à DIEU, celui qui t'a donné l'occasion de vivre pour voir ce mois.

3- Les étapes de la prière (*se référer au contrôle de la journée*).

CHAPITRE 16

COMMENT PRENDRE LE CONTRÔLE
DE L'ANNÉE?

Définition: **Année** - l'année est une période de douze mois correspondant convenablement au temps de la durée de la révolution de la terre autour du soleil. C'est une période qui regroupe deux solstices et deux équinoxes.

Un solstice est chacune des deux périodes de l'année où le soleil atteint son plus grand éloignement de l'équateur et correspond à une durée maximale ou minimale du jour dans l'hémisphère Nord. Nous avons le solstice d'hiver qui s'étend du 21 ou du 22 Décembre au 20 Mars et le solstice d'été qui s'étend du 21 Juin au 20 Septembre.

L'équinoxe est l'une des deux périodes de l'année où le jour et la nuit ont une même durée parce que le soleil traverse l'équateur. Il y a l'équinoxe de printemps qui se situent entre le 21 Mars et le 20 Juin et l'équinoxe d'automne qui se situe entre le 02 Septembre et le 20 Décembre.

Les définitions ont fait ressortir quatre mots que nous avons besoin de comprendre qui sont l'Eté, l'Hiver, le Printemps et l'Automne.

- L'Eté est la saison qui succède au Printemps et précède l'Automne 21 ou 22 Juin.

- L'Hiver est la plus froide des saisons de l'année et commence le 21 ou le 22 Décembre.

- Le Printemps est la première des saisons de l'année et elle commence le 20 ou le 21 Mars.

- L'Automne est la saison qui succède à l'été et précède l'Hiver dans l'hémisphère Nord 22 ou 23 septembre.

Les portes d'entrée de l'année sont au nombre de cinq; il s'agit des solstices, équinoxes et la St Sylvestre qui est le 31 décembre de l'année. Pour donc prendre contrôle de l'année, il faut pouvoir monter la garde à ces cinq portes.

CHAPITRE 17

QUELQUE CLÉS DE PRIÈRES BIBLIQUES

1. Prière du matin

Prête l'oreille à mes paroles, Ô Eternel! Écoute mes gémissements! Sois attentif à mes cris, mon roi, et mon DIEU! C'est à toi que j'adresse ma prière, Eternel! le matin tu entends ma voix: le matin je me tourne vers toi et je regarde. Car tu n'es point un DIEU qui prenne plaisir au mal, le méchant n'a pas sa demeure auprès de toi. Eternel, conduis-moi dans ta justice à cause de mes ennemis, aplanis ta voie sous mes pas. Alors tous ceux qui se confient en toi se réjouiront, ils auront de l'allégresse à toujours et tu les protégeras; tu seras un sujet de joie pour ceux qui aiment ton nom. Car tu bénis le juste, Ô Eternel! tu l'entoures de la grâce comme d'un bouclier (Psaumes 5: 2-5, 9, 12,13).

Mes pas sont fermes dans tes sentiers, mes pieds ne chancellent point. Signale ta bonté, toi qui sauves ceux qui cherchent un refuge, garde- moi comme la prunelle de l'oeil, protège moi, à l'ombre de tes ailes. Reçois favorablement les paroles de ma bouche et les sentiments de mon coeur Ô Eternel, mon rocher et mon libérateur (Psaume 17: 5, 7, 8, 19, 15).

Eternel! J'élève à toi mon âme mon DIEU! En toi je me confie, que je ne sois pas couvert de honte!
Tous ceux qui espèrent en toi ne seront point confondus.

Eternel! Fais - moi connaître tes voies, enseigne-moi tes sentiers, conduis - moi dans ta vérité et instruis-moi car tu es le DIEU de mon salut, tu es toujours mon espérance, Eternel! Souviens - toi de ta miséricorde et de ta bonté; car elles sont éternelles (Psaumes 25: 1-6).
Ô, DIEU! Tu es mon DIEU, je te cherche; mon âme a soif de toi. Lorsque je pense à toi sur ma couche, je médite sur toi pendant les veilles de la nuit. Car tu es mon secours et je suis dans l'allégresse à l'ombre de tes ailes (Psaumes 63: 2,7-8).

2. Prière du soir

A toi est le jour, à toi est la nuit, tu as créé la lumière et le soleil tu as fixé toutes les limites de la terre, tu as établi l'été et l'hiver (Psaumes 74: 16-17).
Fais lever sur nous la lumière de ta face ö Eternel je me couche et je m'endors en paix car toi seul, Ô Eternel! tu me donnes la sécurité dans ma demeure (Psaumes 4: 7b, 9).

Il est beau de louer l'Eternel et de célébrer son nom, Ô Très haut d'annoncer le matin ta bonté et ta fidélité pendant les nuits, tu me réjouis par tes oeuvres Ô Eternel! Et je chante avec allégresse l'ouvrage de tes mains, que tes oeuvres sont grandes, Ô Eternel: que les pensées sont profondes!
L'homme stupide n'y connait rien, et l'insensé n'y prend point garde. Si les méchants croissent comme l'herbe, si tous ceux qui font le mal fleurissent, c'est pour être

anéantis à jamais. Mais toi tu es le très haut, à perpétuité Ô Eternel (Psaume 92: 2-3-5-9).

3. Prière au sein de l'épreuve

Lève-toi, Eternel Ô DIEU, lève ta main! N'oublie pas les malheureux! Pourquoi le méchant méprise – t-il DIEU? Pourquoi dit – il en son coeur: tu ne punis pas? Tu regardes cependant, car tu vois la peine et la souffrance, pour prendre en main leur cause; c'est à toi que s'abandonne le malheureux, c'est toi qui viens en aide à l'orphelin. Tu entends les voeux de ceux qui souffrent, Ô Eternel! tu affermis leur coeur: tu prêtes l'oreille pour rendre justice à l'orphelin et à l'opprimé, afin que l'homme tiré de la terre cesse d'inspirer l'effroi. (Psaumes 10: 12-14-17-18).

Eternel! Écoute ma voix, je t'invoque: aie pitié de moi et exauce –moi! Mon coeur dit de ta part: cherchez ma face! Je cherche ta face, Ô Eternel! Ne me cache point ta face, ne repousse pas avec colère ton serviteur! Tu es mon secours, ne me laisse pas, ne m'abandonne pas, DIEU de mon salut! Ecoute, Eternel! Aie pitié de moi! Eternel, secours-moi! Seigneur, ne t'éloigne pas de moi! Et ma langue célébrera ta justice, elle dira tous les jours ta louange (Psaume 27: 7-9-30-11-35-22b, 28).

Aie pitié de moi, ô DIEU, aie pitié de moi! Car en toi mon âme cherche un refuge; je cherche un refuge à l'ombre de les ailes, jusqu'à ce que les calamités soient passées, élève-toi sur les cieux, ô DIEU!

Que ta gloire soit sur toute la terre! Pourquoi caches-tu ta face? Pourquoi oublies – tu notre misère et notre oppression? Lève-toi pour nous secourir! Délivre-nous à causes de ta bonté! (Psaumes 57: 2, 5; 25,27).

Ô DIEU écoute ma voix quand je gémis! Protège ma vie contre l'ennemi que je crains! Donne-nous du secours contre la détresse! Le secours de l'homme n'est que vanité Eternel, toi seul peut venir en aide au faible comme au fort: viens à notre aide, Eternel, notre DIEU! Car c'est sur toi que nous nous appuyons, et nous sommes venus en ton nom contre cette multitude. N'est-ce pas toi qui as en main la force et la puissance et à qui nul ne peut résister?

Nous ne savons que faire, mais nos yeux sont sur toi. Sauve-nous, DIEU de notre salut, rassemble-nous et retire-nous du milieu des nations, afin que nous célébrions ton saint nom et que nous mettions notre gloire à te louer! (Psaume 64: 2; 60:13; 1 Chroniques 14: 10,20 :6b, 12; 1 Chroniques 16:35).

Exauce-moi Eternel! Car ta bonté est immense. Dans tes grandes compassions, tourne vers moi les regards et ne cache pas ta face à ton serviteur! Puisque je suis dans la détresse, hâte - toi de m'exaucer! Approche-toi de mon âme, délivre-la! Sauve-moi, à cause de mes ennemis! Moi, je suis malheureux et souffrant: ô DIEU que ton secours me relève! Psaume 69: 17-19, 30).

Cependant je suis toujours avec toi, tu m'as saisi la main droite: tu me conduiras par ton conseil, puis tu me recevras dans la gloire. Quel autre ai-je au ciel que toi? Et sur la terre je ne prends plaisir qu'en toi, ma chair et mon coeur peuvent se consumer: DIEU sera toujours le rocher de mon coeur et mon partage Psaumes 73-23-26).

Prête l'oreille, berger d'Israël, toi qui conduis Joseph comme un troupeau! Parais dans ta splendeur, toi qui es assis sur les chérubins! Viens à notre secours! ô DIEU, relève-nous! Fais briller ta face et nous seront sauvées! Que ta main soit sur l'homme de ta droite, sur le fils l'homme que t'es choisi! Et nous ne nous éloignerons plus de toi. Fais-nous revivre et nous invoquerons ton nom, Eternel, DIEU des armées, relève-nous! Fais briller ta face et nous serons sauvés! Psaumes 80: 2 3b, 418-20).

Tu te lèveras, tu auras pitié de Sion; car le temps d'avoir pitié d'elle le temps fixéest à son terme: car tes serviteurs en aiment les pierres, ils en chérissent la poussière. Alors les nations craindront le nom de l'Eternel, et tous les rois de la Terre ta gloire. Oui, l'Eternel rebâtira Sion, il se montrera dans sa gloire (Psaumes 102: 14-17).

Eternel souviens-toi de moi dans ta bienveillance pour ton peuple! Souviens-toi de moi en lui accordant ton secours, afin que je vois le bonheur de tes élus, que je me réjouisse de la joie de ton peuple, et que je me glorifie avec ton héritage! Nous avons péché comme nos pères, nous avons commis l'iniquité, nous avons fait le mal, sauve-nous, Eternel notre DIEU! Afin que nous célébrions ton saint nom, et que vous mettez notre gloire à te louer! Psaumes 106: 4-6, 47 a/c Je lève mes yeux vers toi qui sièges dans les cieux, Aie pitié de nous, Eternel, aie pitié de nous! Car nous sommes assez rassasiés de mépris, Eternel, répands tes bienfaits sur les bons et sur ceux dont le coeur est droit! Psaumes 123: 1, 3 125: 4).

Eternel des années DIEU d'Israël, assis sur les chérubins! c'est toi qui est le seul DIEU de tous les royaumes de la terre, c'est toi qui as fait les cieux et la terre. Eternel, incline ton oreille, et écoute! Eternel, ouvre les yeux et regardes! Eternel notre DIEU, délivre - nous de la main de sanchérib, et que tous les royaumes de la terre sachent que toi seul es l'Eternel! Eternel, ramène nos captifs, comme des ruisseaux dans le Midi! Esaïe 37: 16-17a-20; Psaumes 126: 4.

Regarde du ciel, et vois, de ta demeure sainte et glorieuse: où sont ton zèle et ta puissance? Le frémissement de tes entrailles et tes compassions ne se font plus sentir envers moi. Tu es cependant notre père, car Abraham ne nous connaît pas, et Israël ignore qui nous sommes, c'est, Eternel qui est notre père, qui dès l'éternité, t'appelles notre sauveur. Pourquoi, Ô Eternel, nous fais-tu errer loin de tes voies, et endurcis-tu notre coeur contre ta crainte? Reviens, pour l'amour de tes serviteurs, des tribus de ton héritage! Ton peuple saint n'a possédé le pays que peu de temps: nos ennemis ont foulé ton sanctuaire. Nous sommes depuis longtemps comme un peuple que tu ne gouverneras pas et qui n'est point appelé de ton nom.

Oh! Si tu déchirais les cieux et si tu descendais, les montagnes s'ébranleraient devant toi comme s'allume un feu de bois sec, comme s'évapore l'eau qui bouillonne; tes ennemis connaîtraient ton nom, et les nations trembleraient devant toi. Lorsque tu fis des prodiges que nous n'attendions pas, tu descendis et les montagnes s'ébranlèrent devant toi. Jamais on n'a appris ni entendu dire, et jamais l'oeil n'a vu qu'un autre DIEU que toi fit de telles choses pour ceux qui se confièrent à lui. Tu vas au -devantde celui qui pratique avec joie la justice, de ceux qui marchent dans tes voies et se souviennent de toi. Mais tu as été irrité, parce que nous avons péché; et nous en souffrons longtemps jusqu'à ce que nous soyons sauvés. Nous sommes tous comme des impurs, et toute notre justice comme un vêtement souillé; nous sommes tous flétris comme une feuille, et nos crimes nous emportent comme le vent. Il n'y a personne qui invoque ton nom, qui se réveille pour s'attacher à toi: aussi nous as-tu caché ta face, et nous laisses-tu périr par l'effet de nos crimes.

Cependant, ô Eternel, tu es notre père, nous sommes l'argile et c'est toi qui nous as formé, nous sommes l'ouvrage de tes mains. Ne t'irrite pas à l'extrême, Ô Eternel, et ne te souviens pas à toujours du crime; regarde donc, nous sommes tous, ton peuple (Esaïe 63: 15-19: 64 :18a).

Eternel, tes yeux n'aperçoivent-ils pas la vérité? Si nos iniquités témoignent contre nous; agis à cause de ton nom, ô Eternel! Car nos iniquités sont nombreuses, nous avons péché contre toi. Toi qui es l'espérance d'Israël, son sauveur au temps de la détresse, pourquoi serais-tu comme un étranger dans le pays, comme un voyageur qui y entre pour passer la nuit? Pourquoi serais-tu comme un héros incapable de nous secourir? Tu es pourtant au milieu de nous ô Eternel, et ton nom est invoqué sur nous: ne nous abandonnes pas! Nous espérons la paix, et il n'arrive rien d'heureux, un temps de guérison, et voici la terreur! Eternel, nous reconnaissons notre méchanceté, l'iniquité de nos pères, car nous avons péché contre toi. A cause de ton nom, ne méprise pas, ne déshonore pas le trône de ta gloire! N'oublie pas, ne romps pas ton alliance avec nous! N'est-ce pas toi, Eternel, notre DIEU? Nous espérons en toi, car c'est toi qui as fait toutes ces choses (Jérémie 5: 3a: 14: 7-9, 19b-21,22b).

Eternel, ma force et mon appui, mon refuge au jour de la détresse! Guéris-moi Eternel et je serai guéri: sauve-moi et le serai sauvé; car tu es ma gloire, ne sois pas pour moi un sujet d'effroi, toi, mon refuge au jour du malheur! (Jérémie 16: 19a; 17: 14,17).

Seigneur, DIEU grand et redoutable, toi qui gardes ton alliance et qui fais miséricorde à ceux qui t'aiment et qui observent tes commandements! nous avons péché, nous avons commis l'iniquité, nous avons été méchants et rebelles, nous nous sommes détournés de tes commandements et de tes ordonnances.

A toi, Seigneur est la Justice, et à nous la confusion de face. Oui Seigneur, à nous la confusion de face, parce que nous avons péché contre toi. Auprès du Seigneur, notre DIEU, la miséricorde et le pardon! Et maintenant, Seigneur, notre DIEU, toi qui as fait sortir ton peuple du pays d'Egypte par la main puissante, et qui t'es fait un nom comme il l'est aujourd'hui, nous avons péché, nous avons commis l'iniquité, Seigneur, selon la grande miséricorde, que ta colère et ta fureur se détournent de nous, car, à cause de nos péchés et des iniquités de nos pères, ton peuple est en opprobre à tous ceux qui nous entourent. Maintenant donc Ô notre DIEU, écoute la prière et les supplications de ton serviteur.

Mon DIEU, prête l'oreille et écoute! Ouvre les yeux et regarde nos ruines, regarde la ville sur laquelle ton nom est invoqué! Car ce n'est pas à cause de notre justice que nous te présentons nos supplications, c'est à cause de tes grandes compassions, Seigneur, écoute! Seigneur, pardonne! Seigneur, sois attentif! Agis et ne tarde pas, par amour pour toi, ô mon DIEU! Car ton nom est invoqué sur ta ville et sur ton peuple. (Daviel 9: 4b-5, 8a, 8c, 9a, 16-16a, 16c-17a, 18-19).
N'es-tu pas de toute éternité, Eternel, mon DIEU, mon saint? Nous ne mourrons pas! Ô Eternel, tu as établi ce peuple pour exercer tes jugements: Ô mon rocher, tu l'as suscité pour infliger les châtiments, Ah! Seigneur,
que ton oreille soit attentive à la prière de ton serviteur et à la prière de tes serviteurs qui veulent craindre ton nom!
Dans la colère, souviens-toi de tes compassions!

(Habakuk1: 12; Néhémie 1: 11a; Habakuk 3: 2d), Seigneur, sauve-moi! Aie pitié de moi, Seigneur, Fils de David! (Mathieu 14: 30; 15: 22a)

Augmente-nous la foi! Je crois! Viens au secours de mon incrédulité! Père, si tu voulais éloigner de moi cette coupe! Toutefois, que ma volonté ne se fasse pas, mais la tienne! Luc 17: 5; Marc 9: 24b; Luc 22: 42).

4. Prière pour le jour de l'an et anniversaire

Avant que les montagnes fussent nées, et que tu eusses crée la terre et le monde, d'éternité en éternité tu es DIEU. Tu fais rentrer les hommes dans la poussière et tu dis: fils de l'homme, retournez! Car mille ans sont à tes yeux, comme le jour d'hier, quand il n'est plus, et comme une veille de la nuit. Tu les emportes, semblables à un songe, qui, le matin, passe comme l'herbe: elle fleurit le matin et elle passe, on la coupe le soir, et elle sèche. Nous sommes consumés par ta colère et la fureur nous épouvante. Tu mets devant toi nos iniquités, et à la lumière de ta face, nos fautescachées. Tous nos jours disparaissent par ton courroux; nous voyons nos années s'évanouir comme un son.

Les jours de nos années s'élèvent à soixante et dix ans, pour les plus robustes à quatre-vingt ans et l'orgueil qu'il en tient n'est que peine et misère, car ils passent vite, et nous nous envolons. Qui prend garde à la force de ta colère, et à ton courroux, selon la crainte qui t'est due, Enseigne-nous à bien compter nos jours, afin que nous appliquions notre coeur à la sagesse. Reviens, Eternel! Jusqu'à quand? Aie pitié de tes serviteurs! Rassasie-nous chaque matin de ta bonté et nous serons toute notre vie dans la joie et l'allégresse. Que ton oeuvre se manifeste à tes serviteurs, et ta gloire sur leurs enfants! Psaumes 90: 2-14,16).

Qui suis-je, Seigneur Eternel et quelle est ma maison pour que tu m'aies fait parvenir où je suis? Je suis trop petit pour toutes les grâces et pour la fidélité dont tu as usé envers ton serviteur. Je ne te laisserai point aller avant que tu ne m'ais béni. J'espère en ton secours, Ô Eternel! (2 Samuel 7: 18b; Genève 32: 10a, 49:18) tu m'as accordé ta grâce avec la vie, tu m'as conservé par tes soins et sous la grâce. Souviens-toi favorablement de moi, Ô mon DIEU! Ta parole est une lampe à mes pieds, et une lumière sur mon sentier. Affermis mes pas dans ta parole et ne laisse aucune iniquité dominer sur moi! Fais luire ta face sur ton serviteur et enseigne-moi tes statuts! (Job 10a, 49: 18). Tu m'as accordé ta grâce avec la vie, tu m'as conservé par tes soins et sous ta grâce. Souviens-toi favorablement de moi, ô mon DIEU! Ta parole est une lampe à mes pieds, et une lumière sur mon sentier. Affermis mes pas dans ta parole et ne laisse aucune iniquité dominer sur moi! Fais luire ta face sur ton serviteur et enseigne-moi tes statuts! (Job 10:12; Néhémie 13 :31b; Psaumes 119: 105, 133, 135).

Eterne! Tu me sondes et tu me connais, tu sais quand je m'assieds et quand je me lève, tu pénètres de loin ma pensée, tu sais quand je marche et quand je me couche et tu pénètres toutes mes voies. Car la parole n'est pas sur ma langue, que déjà, ô Eternel! Tu la connais entièrement. Tu m'entoures par derrière et par devant et tu mets ta main sur moi. Une science aussi erveilleuse est au-dessus de ma portée, elle est trop élevée pour que je puisse la saisir. Où irais-je loin de ton Esprit et où fuirais-je loin de ta face? Si je monte aux cieux, tu y es; si je me couche au séjour des morts, t'y voilà. Si je prends les ailes de l'aurore et que j'aille habiter à l'extrémité de la mer, là aussi ta main me conduira et ta droite me suivra. Si je dis, au moins les ténèbres me couvriront, la nuit, devient lumière autour de moi; même les ténèbres ne sont pas obscures pour la lumière, je te loue de ce que je suis créature si merveilleuse. Tes oeuvres son admirables et mon âme le reconnaît bien.

Quand je n'étais qu'une masse informe, tes yeux me voyaient et sur ton livre étaient tous inscrits les jours qui m'étaient destinés, avant qu'aucun d'eux existât. Que tes pensées, Ô DIEU, me semblent, impénétrables! Que le nombre en est grand! Si je les compte, elles sont plus nombreuses que les grains de sable. Sonde-moi, ô DIEU et connais mon coeur! Éprouve-moi et connais mes pensées! Regarde si je suis sur une mauvaise voie et conduis-mes pensée! Regarde si je suis sur une mauvaise voie et conduis-moi sur la voie de l'éternité! (Psaume 139: 1-12,14,16-18a,23-24).

5. Prière dans la détresse ou dans la maladie

Quand je crie, réponds-moi DIEU de ma justice! Quand je suis dans la détresse, sauve-moi! Aie pitié de moi, écoute ma prière! Comme une biche soupire après de courants d'eau, ainsi mon âme soupire après toi, ô DIEU! Mon âme est abattue au dedans de moi. Un flot appelle un autre flot au bruit de tes ondées; toutes tes vagues et tous tes flots passent sur moi. (Psaumes 4: 2; 42 :2,7a, 8).

Avant d'avoir été humilié, je m'égarais; maintenant j'observe ta parole. Il m'est bon d'être humilié, afin que j'apprenne tes statuts, je sais, Ô Eternel! Que tes jugements sont justes: c'est par fidélité que tu m'as humilié. Que ta bonté soit ma consolation, comme tu l'as promis à ton serviteur! Que tes compassions viennent sur moi, pour que je vive! Mes yeux languissent après ta promesse; je dis: quand me consoleras-tu? Si la loi n'eût fait mes délices, j'eusse alors péri dans ma misère.

Soutiens - moi selon la promesse, afin que je vive et ne me rends point confus dans mon espérance! Sois mon appui, pour que je sois sauvé et que je m'occupe sans cesse de tes statuts! Tourne vers moi ta face et aie pitié de moi, selon ta coutume à l'égard de ceux qui aiment ton nom! Vois ma misère et délivre-moi! Car je n'oublie point ta loi (Psaumes 119 :67, 71,77a, 82, 92,116-117, 132,153).

Jusqu'à quand, Eternel! M'oublieras-tu sans cesse? Jusqu'à quand me cacheras tu ta face? Jusqu'à quand aurai-je des soucis dans mon âme et chaque jour des chagrins dans mon coeur? Regarde réponds-moi, Eternel mon DIEU donne à mes yeux la clarté, afin que je ne m'endorme pas du sommeil de la mort. Moi j'ai confiance en ta bonté, j'ai de l'allégresse dans le coeur, à cause de ton salut, (Psaumes 13: 2,3a, 4,6a).

Mon DIEU! Mon DIEU! Pourquoi m'as-tu abandonné et t'éloignes-tu pour me secourir, sans écouter mes plaintes? Mon DIEU je crie le jour, et tu ne réponds pas; la nuit et je n'ai point de repos. Pourtant tu es le Saint, tu sièges au milieu des louanges d'Israël. En toi se confiaient nos pères, ils se confiaient et tu les délivrais. Ils criaient à toi et ils étaient sauvés; il se confiait en toi et ils n'étaient point confus. Ne t'éloigne pas de moi quand la détresse est proche, quand personne ne vient à mon secours! Et toi, Eternel, ne t'éloigne pas! Toi qui es ma force, viens en hâte à mon secours: (Psaumes 22 :2-6,15, 20).

Eternel! Je cherche en toi mon refuge: que jamais je ne sois confondu: Délivre moi dans ta justice! Incline vers moi ton oreille, hâte-toi de me secourir! Sois pour moi un rocher protecteur, une forteresse, où je trouve mon salu t! Car tu es mon rocher, ma forteresse et à cause de ton nom tu me conduiras, tu me dirigeras. Car tu es mon protecteur. Je remets mon esprit entre tes mains: tu me délivreras, Eternel, DIEU de vérit é! Je serai par ta grâce dans l'allégresse et dans la joie; car tu vois ma misère, tu sais les angoisses de mon âme. Tu mettras mes pieds au large, l'âme et le corps usés par le chagrin. Ma vie se consume dans la douleur et mes années dans les soupirs; ma force est épuisée à cause de mon iniquité et mes os dépérissent. Tous mes adversaires m'ont rendu un objet d'opprobre, de grand opprobre pour les voisins et de terreur pour mes amis. Je suis comme un vase brisé. Mais en toi je me confie, ô Eternel! Je dis: tu es mon DIEU! Mes destinées sont dans ta main.

Fais luire ta face sur ton serviteur, sauve-moi par ta grâce! Eternel! Que je ne sois pas confondu quand je t'invoque. Oh! Combien est grande ta bonté, que tu tiens en réserve pour ceux qui te craignent, que tu témoignes à ceux qui cherchent en toi leur refuge, à la vue des fils de l'homme! Tu les protèges sous l'abri de la face contre ceux qui les persécutent, tu les protèges dans ta tente contre les langues qui les attaquent. Je disais dans ma précipitation: je suis chassé loin de ton regard! Mais tu as entendu la voix de mes supplications, quand j'ai crié vers toi. (Psaumes 31 :2-3,5a 6, 8,9b-12a, 13b, 15-16a, 17-18a, 20-21,23).

Eternel! Dis-moi quel est le terme de ma vie, quelle est la mesure de mes jours; que je sache combien je suis fragile. Voici, tu as donné à mes jours la largeur de la main et ma vie est comme un rien devant toi. Oui, tout homme debout n'est qu'un souffle. Maintenant, Seigneur, que puis-je espérer? En toi est mon espérance.

Ecoute ma prière, Eternel et prête l'oreille à mes cris! Ne sois pas insensible à mes larmes! Car je suis un étranger chez toi, un habitant, comme tous mes pères. (Psaumes 39: 5-6, 8,13).

Toi Eternel! Tu ne me refuseras pas les compassions; ta bonté et ta fidélité me garderont toujours, Car des maux sans nombre m'environnent, les châtiments de mes iniquités m'atteignent et je ne puis en supporter la vue: ils sont plus nombreux que les cheveux de ma tête et mon courage m'abandonne. Veuille me délivrer, ô Eternel, Eternel, viens-en hâte à mon secours! Que tous ceux qui te cherchent soient dans l'allégresse et se réjouissent en toi! Que ceux qui aiment ton salut disent sans cesse: Exalté soit l'Eternel! (Psaume 40: 12,14,17).

Tu tiens mes paupières en éveil et dans mon trouble, je ne puis parler. Je rappellerai les oeuvre de l'Eternel, car je me souviens de tes merveilles d'autrefois, je parlerai de toutes tes oeuvres, je raconterai tes hauts faits. ô DIEU! Tes voies sont saintes; quel DIEU est grand comme DIEU? Tu es le DIEU qui fait des prodiges; tu as manifesté parmi les peuples ta puissance. Rappelle-toi ce qu'est la durée de ma vie (Psaumes 77: 5,12-15; 89 :48a).

Eternel, écoute ma prière et que mes cris parviennent jusqu'à toi! Ne me cache pas ta face au jour de ma détresse! Incline vers moi ton oreille quand je crie! Hâte toi de m'exhaucer! Mes jours sont comme l'ombre à son déclin et je me dessèche comme l'herbe. Mais toi, Eternel! Tu règnes à perpétuité et ta mémoire dure de génération en génération. Je dis: mon DIEU, ne m'enlève pas au milieu de mes jours, toi dont les années durent éternellement! Tu as anciennement fondé la terre, et les cieux sont l'ouvrage de tes mains. Ils périront, mais tu subsisteras: ils s'useront tous comme un vêtement; tu les changeras comme un habit, et ils seront changés. Mais toi, tu restes le même, et les années ne finiront point. (Psaumes 102: 2-3,12-13,25-28).

Eternel, ils t'ont cherché, quand ils étaient dans la détresse; ils se sont répandus en prière, quand tu les as châtiés. ô Eternel! Je suis dans l'angoisse, secours-moi! Eternel, regarde ma détresse! Car mes soupirs sont nombreux, et mon coeur est souffrant. Châtie-moi, ô Eternel! Mais avec équité et non dans ta colère, de peur que tu ne m'anéantisses. Tu es trop juste, Eternel, pour que je conteste avec toi, (Esaïe 26: 16; 38:14c; Lamentations de Jérémie 1 :20a,22c; Jérémie 10 :24 ;12 :1a). Quand je marche dans la vallée de l'ombre de la mort, je ne crains aucun mal, car tu es avec moi; ta houlette et ton bâton me rassurent.

CHAPITRE 18

GUIDE POUR LA LECTURE DE LA BIBLE EN UN AN

JANVIER		FEVRIER	
DATES	**REFERENCES**	**DATES**	**REFERENCES**
1er	Jean 1 : 1-18	1er	Job 21-22
02	Ps.1-3 ; Pr .10 :1-6	02	Job 23
03	Genèse 1-2	03	Job 24-25
04	Genèse 3-4	04	Job 26-27
05	Genèse 5	05	Job 28
06	Genèse 6-7	06	Ps. 12-14; Pr.11:1-6
07	Genèse 8-9	07	Job 29-30
08	Genèse 10	08	Job 31-32
09	Ps. 4-5 ; Pr 10 :7-12	09	Job 33
10	Genèse 11-12	10	Job 34-35
11	Genèse 13-14	11	Job 36-37
12	Genèse 15	12	Job 38
13	Genèse 16-17	13	Ps. 15-17, Pr.11: 7-12
14	Genèse 18-19	14	Job39-40
15	Genèse 20	15	Job 41-42
16	Ps . 6-7 ; Pr.10 :13-18	16	Genèse 23
17	Genèse 21-22	17	Genèse 24-25
18	Job 1-2	18	Genèse 26-27
19	Job 3	19	Genèse 28
20	Job 4-5	20	Ps. 18: 1-25
21	Job 6-7	21	Pr 11:13-18
22	Job 8	22	Genèse 29-30
23	Ps. 8-9; Pr.10; 19-25	23	Genèse 31-32
24	Job 9-10	24	Genèse 33
25	Job 11-12	25	Genèse 34-35
26	Job 13	26	Genèse 36-37
27	Job 14-15	27	Genèse 38
28	Job 16-17	28	Ps.18:26-51; Pr.11:19-25
29	Job 18	29	Genèse 39-40
30	Ps.10-11; Pr.10:26-32		
31	Job 19-20		

MARS		AVRIL	
DATES	REFERENCES	DATES	REFERENCES
1er	Genèse 41-42	1er	Exode 36-37
02	Genèse 43	02	Exode 38
03	Genèse 44-45	03	Ps.25-26 ; Pr.12 :19-24
04	Genèse 46-47	04	Exode 39-40
05	Genèse 48	05	Lévitique 1-2
06	Ps.19; Pr.11:26-31	06	Lévitique 3
07	Genèse 49-50	07	Lévitique 4-5
08	Exode 1-2	08	Lévitique 6-7
09	Exode 3	09	Lévitique 8
10	Exode 4-5	10	Ps. 27-29 ; Pr.12 :25-28
11	Exode 6-7	11	Lévitique 9-10
12	Exode 8	12	Lévitique 11-12
13	Ps.20-21, Pr.12:1-6	13	Lévitique 13
14	Exode 9-10	14	Lévitique 14-15
15	Exode 11-12	15	Lévitique 16-17
16	Exode 13	16	Lévitique 18
17	Exode 14-15	17	Ps. 30; Pr 13 :1-6
18	Exode 16-17	18	Lévitique 19-20
19	Exode 18	19	Lévitique 21-22
20	Ps. 22; Pr.12 :7-12	20	Lévitique 23
21	Exode 19-20	21	Lévitique 24-25
22	Exode 21-22	22	Lévitique 26-27
23	Exode 23	23	Nombres 1
24	Exode 24-25	24	Nombres; Pr.13 :7-12
25	Exode 26-27	25	Nombres 2-3
26	Exode 28	26	Nombres 4-5
27	Ps.23; Pr.12 :13-18	27	Nombres 6
28	Exode 29-30	28	Nombres 7-8
29	Exode 31-32	29	Nombres 9-10
30	Exode 33	30	Nombres 11
31	Exode 34-35		

MAI		JUIN	
DATES	**REFERENCES**	**DATES**	**REFERENCES**
1er	Ps.32-33; Pr 13:13-18	1er	Deutéronome 19-20
02	Nombres 12-13	02	Deutéronome 21-22
03	Nombres 14-15	03	Deutéronome 23
04	Nombres 16	04	Deutéronome 24-25
05	Nombres 17-18	05	Ps. 37: 21-40; Pr. 14: 21-27
06	Nombres 19-20	06	Deutéronome 26-27
07	Nombres 21	07	Deutéronome 28
08	Ps. 34; Pr.13 :19-25	08	Deutéronome 29
09	Nombres 22-23	09	Deutéronome 31
10	Nombres 24-25	10	Deutéronome 32-33
11	Nombres 26	11	Deutéronome 34
12	Nombres 27-28	12	Ps. 38: Pr: 14 28-33
13	Nombres 29-30	13	Josué 1-2
14	Nombres 31	14	Josué 3-4
15	Ps. 35; Pr.14 :1-6	15	Josué 5
16	Nombres 32-33	16	Josué 6-7
17	Nombres 34	17	Josué 8-9
18	Nombres 35-36	18	Josué 10
19	Deutéronome 1-2	19	Ps.39-40; Pr. 15 :15-6
20	Deutéronome 3	20	Josué 11-12
21	Deutéronome 4-5	21	Josué 13-14
22	Ps. 36; Pr 14 :7-13	22	Josué 15
23	Deutéronome 6-7	23	Josué 16-17
24	Deutéronome 8	24	Josué 18-19
25	Deutéronome 9-10	25	Josué 20
26	Deutéronome 11-12	26	Ps. 41-43; Pr.15 :7-13
27	Deutéronome 13	27	Josué 21-22
28	Deutéronome 14-15	28	Josué 23
29	Ps.37:1-20; Pr.14 14-20	29	Josué 24
30	Deutéronome 16-17	30	Juges 1-2
31	Deutéronome 18		

JUILLET		AOÛT	
DATES	**REFERENCES**	**DATES**	**REFERENCES**
1er	Juges 3-4	1er	1 Samuel 21
02	Juges 5	02	1 Samuel 22-23
03	Ps. 44; Pr.15 :14-20	03	1 Samuel 24-25
04	Juges 6-7	04	1 Samuel 26
05	Juges 8-9	05	1 Samuel 27-28
06	Juges 10	06	1 Samuel 29-30
07	Juges 11-12	07	Ps.51; Pr.16 :14-20
08	Juges 13-14	08	1 Samuel 31
09	Juges 15	09	2 Samuel 1-2
10	Ps. 45-46; Ps.15 :21-27	10	2 Samuel 3-4
11	Juges 16-17	11	2 Samuel 5
12	Juges 18-19	12	2 Samuel 6-7
13	Juges 20	13	2 Samuel 8-9
14	Juges 21	14	Ps. 52-53; Pr. 16: 21-27
15	Ruth 1-2	15	2 Samuel 10
16	Ruth 3-4	16	2 Samuel 11-12
17	Ps.47-48; Pr. 15: 28-33	17	2 Samuel 13-14
18	1 Samuel 1	18	2 Samuel 15
19	1 Samuel 2-3	19	2 Samuel 16-17
20	1 Samuel 4-5	20	2 Samuel 18-19
21	1 Samuel 6	21	Ps.54-55; Pr. 16 :28-33
22	1 Samuel 7-8	22	2 Samuel 20
23	1 Samuel 9-10	23	2 Samuel 21-22
24	Ps.49; Pr.16 :1-6	24	2 Samuel 23-24
25	1 Samuel 11	25	1 Rois 1
26	1 Samuel 12-13	26	1 Rois 2-3
27	1 Samuel 14-15	27	1 Rois 4
28	1 Samuel 16	28	1 Ps. 56-57; Pr 17: 1-6
29	1 Samuel 17-18	29	Proverbes 1-2
30	1 Samuel 19-20	30	Proverbes 3-4-
31	Ps. 50; Pr .167-13	31	Proverbes 5

SEPTEMBRE		OCTOBRE	
DATES	REFERENCES	DATES	REFERENCES
1er	Proverbes 6-7	1er	1 Rois 20-21
02	Proverbes 8-9	02	1 Rois 22
03	Cantique 8-9	03	2 Rois 1-2
04	Ps.58-59; Pr.17: 7-12	04	2 Rois 3-4
05	Cantique 2-3	05	Ps. 66-67; Pr. 18: 7-12
06	Cantique 4-5	06	2 Rois 5
07	Cantique 6	07	2 Rois 6-7
08	Cantique 7-8	08	2 Rois 8-9
09	1 Rois 5-6	09	2 Rois 10
10	1 Rois 7-8	10	2 Rois 11-12
11	Ps. 60-61; Pr. 17:13-17	11	2 Rois 13
12	1 Rois 9	12	Ps. 68; Pr.18: 13-17
13	1 Rois 10-11	13	2 Rois 14: 1-25
14	Ecclésiaste 1-2	14	Jonas 1-2
15	Ecclésiaste 3	15	Jonas 3-4
16	Ecclésiaste 4-5	16	2 Rois 14: 26-29
17	Ecclésiaste 6-7	17	Amos 1-2
18	Ps.62-63; Pr. 17:18-24	18	Amos 3-4
19	Ecclésiaste 8	19	Ps. 69; Ps. 18 :18-24
20	Ecclésiaste 9-10	20	Amos 5
21	Ecclésiaste 11-12	21	Amos 6-7
22	1 Rois 12	22	Amos 8-9
23	Ecclésiaste 9-10	23	2 Rois 15
24	Ecclésiaste 11-12	24	2 Rois 16-17
25	1 Rois 12	25	2 Rois 18-19
26	1 Rois 13-14	26	Ps. 70-71; Pr.19: 1-6
27	1 Rois 15-16	27	2 Rois 20
28	Ps. 64-65 Pr. 18 :1-6	28	2 Rois 20
29	1 Rois 17	29	2 Rois 21-22
30	1 Rois 18-19	30	2 Rois 23-24

NOVEMBRE		DECEMBRE	
DATES	**REFERENCES**	**DATES**	**REFERENCES**
1er	2 Rois 25	1er	2 Chroniques 19-20
02	1 Chroniques 1-5	02	Ps. 77; Pr. 20: 1-6
03	1 Chroniques 6-9	03	2 Chroniques 21
04	Ps. 72; Pr. 19: 7-12	04	2 Chroniques 22
05	1 Chroniques 10	05	Joël 1-2
06	1 Chroniques 11-12	06	Joël 3-4
07	1 Chroniques 13-14	07	2 Chroniques 23-24
08	1 Chroniques 15	08	Ps. 78: 1-35; Pr 20: 7-12
09	1 Chroniques 16-17	09	2 Chroniques 25-26: 8
10	1 Chroniques 18-19	10	Esaïe 1-3
11	Ps. 73: Pr.19 :13-17	11	Esaïe 3-6
12	1 Chroniques 20	12	2 Chroniques 26: 9-23
13	1 Chroniques 21-22	13	Ps. 7: 36-72
14	1 Chroniques 23-24	14	Pr 20 :13-18
15	1 Chroniques 25	15	2 Chronique s 27-28
16	1 Chroniques 26-27	16	2 Chroniques 29-30
17	1 Chroniques 28-29	17	2 Chroniques 31
18	Ps. 74: Pr. 19: 18-23	18	2 Chroniques 32
19	2 Chroniques 1	19	Esaïe 7-8
20	2 Chroniques 2-3	20	Esaïe 9-10
21	2 Chroniques 4-5	21	Ps.79; Pr.20: 19-23
22	2 Chroniques 6	22	Esaïe 11-13
23	2 Chroniques 7-8	23	Esaïe 14-16
24	2 Chroniques 9-10	24	Esaïe 17-20
25	Ps.75-76; Pr. 19:24-29	25	Ps. 80; Pr.20 :24-30
26	2 Chroniques 11	26	Esaïe 21-22
27	2 Chroniques 12-13	27	Esaïe 23-24
28	2 Chroniques 14-15	28	Esaïe 25
29	2 Chroniques 16	29	Esaïe 26-27
30	2 Chroniques 17-18	30	Esaïe 28-29
		31	Esaïe 30

CHAPITRE 19

131 REQUÊTES DE PRIÈRE

1) Je lie tous les esprits marchant contre la réponse à mes prières au Nom de Jésus-Christ de Nazareth.

2) Je désarme tout pouvoir qui a fait alliance avec le sol, l'eau et le vent à mon sujet au nom de Jésus-Christ de Nazareth.

3) Je me libère de tout don de sang au sorcier au Nom de Jésus-Christ de Nazareth.

4) Je me libère de tout repas ou boisson pris à la table satanique dans mon sommeil au nom de Jésus-Christ de Nazareth.

5) Que mes oppresseurs se battent l'un contre l'autre au nom de Jésus-Christ de Nazareth.

6) Ô Éternel, commence à baptiser chaque zone de ma vie avec tes miracles époustouflants au nom de Jésus-Christ de Nazareth

7) J'ordonne aux pouvoirs buvant le lait de ma vie de commencer à le vomir maintenant au nom de Jésus-Christ de Nazareth.

8) Que toutes décisions prises par les sorciers contre moi soient nulles et non avenues au nom de Jésus-Christ de Nazareth.

9) O Seigneur gifle le visage de toute langue qui s'élève contre moi et brise la mâchoire du méchant au nom de Jésus-Christ de Nazareth.

10) Que tout miroir maléfique de contrôle utilisé contre moi sous l'eau se brise complètement en morceau au nom de Jésus-Christ de Nazareth.

11) Que le tourbillon de DIEU disperse toute réunion satanique à mon sujet au nom de Jésus-Christ de Nazareth.

12) O Éternel transforme-moi en charbon ardent en face des méchants.

13) Éternel ouvre des portes d'opportunités pour moi à travers ces prières.

14) Arbres de pauvreté dans ma vie je vous ordonne de sécher au nom de Jésus-Christ de Nazareth.

15) Murs d'opposition physique et spirituelle, je vous ordonne de tomber comme des mûrs de Jéricho au nom de Jésus-Christ de Nazareth.

16) Que des fontaines nouvelles apparaissent dans mon désert au nom de Jésus-Christ de Nazareth.

17) J'ordonne à toutes les zones tordues et difficiles de ma vie de commencer par fournir des témoignages au nom de Jésus-Christ de Nazareth.

18) Ô Seigneur transforme mon deuil en danse et mes larmes en joie au nom de Jésus-Christ de Nazareth.

19) Que tous ceux qui sont assis sur le chemin de ma prospérité et qui ont juré que je ne prospérerai pas commencent par faire plusieurs fois le tonneau au nom de Jésus-Christ de Nazareth.

20) Seigneur utilise les blancs et les noirs pour me bénir au nom de Jésus-Christ de Nazareth.

21) Que le soleil de ma prospérité se lève et fasse disperser tout nuage de la pauvreté de ma vie au nom de Jésus-Christ de Nazareth.

22) Je retire mes bénédictions de l'eau, de la forêt et des banques sataniques au nom de Jésus-Christ de Nazareth.

23) Que les richesses des incroyants soient transférées dans mes mains au nom de Jésus-Christ de Nazareth.

24) Seigneur fais de moi un centre de référence des bénédictions surnaturelles au nom de Jésus-Christ de Nazareth.

25) Plante-moi dans la rivière de la prospérité au nom de Jésus-Christ de Nazareth.

26) Que toute marque d'identification de la sorcellerie dans ma vie soit ôtée à l'instant même au nom de Jésus-Christ de Nazareth.

27) Que tous mes poursuivants obstinés soient comme la paille emportée par le vent au nom de Jésus-Christ de Nazareth.

28) Que la prière de feu poursuive et détruise tous les hommes forts de ma vie au nom de Jésus-Christ de Nazareth

29) Que tous les vents et les tempêtes sataniques soient réduits au silence au nom de Jésus-Christ de Nazareth.

30) Que toutes mes déceptions deviennent des rendez-vous au nom de Jésus-Christ de Nazareth.

31) Que toutes mes années et mes efforts perdus soient convertis en bénédictions multipliées au nom de Jésus-Christ de Nazareth

32) O Éternel fais dans ma vie un miracle qui étonnera le monde au nom de Jésus-Christ de Nazareth.

33) J'arrache les clés d'ouverture que l'ennemi m'a volées au nom de Jésus-Christ de Nazareth.

34) Que tout serpent satanique envoyé contre mon destin reçoive la folie et retourne à l'expéditeur au nom de Jésus-Christ de Nazareth.

35) Que toute forteresse de dette dans ma vie sèche ce mois ci au nom de Jésus-Christ de Nazareth.

36) J'ordonne à la pluie d'abondance de bonheur, de faveur de tomber dans les départements de ma vie au nom de Jésus-Christ de Nazareth

37) Je retire mon nom du livre de toute mort prématurée au nom de Jésus-Christ de Nazareth.

38) Je refuse tout travail sans profit au nom de Jésus-Christ de Nazareth.

39) J'ordonne que mon image utilisée dans le royaume satanique pour contrôler ma vie, mes finances et ma famille à distance soit consumée jusqu'aux cendres au nom de Jésus-Christ de Nazareth.

40) Je me tiens dans le sang de Jésus-Christ et je proclame la victoire sur satan et ses anges au nom de Jésus-Christ de Nazareth.

41) J'asperge le sang de Jésus-Christ sur mon corps du sommet de la tête jusqu'à la plante des pieds au nom de Jésus-Christ de Nazareth.

42) Par le sang de Jésus-Christ je combats tout mauvais dessein dirigé contre ma vie au nom de Jésus-Christ de Nazareth.

43) Que toutes portes ouvertes par Satan, les démons ou les sorciers dans ma vie soient pour toujours fermées par la sang de Jésus-Christ au nom de Jésus-Christ de Nazareth.

44) Que tous les déchets qui circulent dans mon sang soient évacués par le sang de Jésus-Christ au nom de Jésus-Christ de Nazareth

45) Que toute nourriture mangée à la table des démons soit purifiée dans mes entrailles par le sang de Jésus-Christ au nom de Jésus-Christ de Nazareth.

46) Je commande à tout virus circulant dans mon corps de mourir au nom de Jésus-Christ de Nazareth.

47) Je réduis à néant tout esprit de mort qui rôde autour de moi et j'annule tout rendez-vous avec lui au nom de Jésus-Christ de Nazareth.

48) Que tout organe mort dans ma vie reçoive la vie au nom de Jésus-Christ de Nazareth.

49) Que toute incantation prononcée contre moi soit annulée au nom de Jésus-Christ de Nazareth.

50) J'arrête tout décollage et atterrissage des sorciers contre moi au nom de Jésus-Christ de Nazareth.

51) Que le tourbillon de DIEU disperse toute réunion nocturne à mon sujet au nom de Jésus-Christ de Nazareth.

52) Toute alliance maléfique qui attaque mon destin, je te déconnecte de ma vie au nom de Jésus-Christ de Nazareth.

53) Que tout dommage créé dans ma vie par des alliances soit réparé par le feu du Saint-Esprit au nom de Jésus-Christ de Nazareth.

54) Liens sataniques de sang entre ma famille qui affectent ma vie soyez rompus au nom de Jésus-Christ de Nazareth.

55) O DIEU lève-toi et utilise toutes les armes à ta disposition pour humilier mes ennemis au nom de Jésus-Christ de Nazareth.

56) Toutes puissances semant l'affliction dans ma vie à travers les rêves soyez enterrées vivantes au nom de Jésus-Christ de Nazareth.

57) Que toute parole que j'ai prononcé dans les couvents devant des féticheurs soit annulée par le sang de Jésus-Christ au nom de Jésus-Christ de Nazareth.

58) J'annule et je rends impuissant tout sacrifice d'animal fait à mon sujet et je renvoie le sort au sacrificateur au nom de Jésus-Christ de Nazareth.

59) Tous réseaux de sorciers et sorcière contre ma vie, soyez démantelés au nom de Jésus-Christ de Nazareth.

60) Feu du Saint-Esprit, brûle mon nom du livre de la mort prématurée au nom de Jésus-Christ de Nazareth.

61) Que tout sacrifice diabolique fait contre moi dans un carrefour soit annulé par le sang de Jésus-Christ au nom de Jésus-Christ de Nazareth.

62) Que tous cadenas diaboliques qui sert de banque pour mes bénédictions soit brisés par le marteau de feu au nom de Jésus-Christ de Nazareth.

63) Que tous les yeux qui surveillent ma pensée reçoivent la flèche de feu au Nom de Jésus Christ de Nazareth.

64) Que tous ceux qui circulent mon nom pour le mal soient humiliés publiquement au nom de Jésus-Christ de Nazareth.

65) Seigneur élargi mes côtés de manière surnaturelle au nom de Jésus-Christ de Nazareth.

66) Que mes prières libèrent l'intervention des anges en ma faveur au nom de Jésus-Christ de Nazareth.

67) Toi racine de toutes maladies héréditaires qui fait ravage dans ma famille paternelle ou maternelle que le feu du Saint-Esprit te consume au nom de Jésus-Christ de Nazareth.

68) Seigneur donne –moi un nouveau départ avec un élan qui me permettra de rattraper toutes les années perdues au nom de Jésus-Christ de Nazareth.

69) Je rejette les noms qui changent ma destinée au nom de Jésus-Christ de Nazareth.

70) Que toutes flèches, coups de fusil, les blessures, les harcèlements l'opposition dans les rêves, soient retournés à l'envoyeur au nom de Jésus-Christ de Nazareth.

71) Je détruis tout mauvais esprit qui oeuvre à travers mon nom depuis ma naissance au nom de Jésus-Christ de Nazareth

72) Que le Sang de Jésus-Christ efface tout effet néfaste dans ma vie à base de mon nom au nom de Jésus-Christ de Nazareth.

73) Saint-Esprit de DIEU, ouvre mes yeux afin que je puisse voir et mes oreilles afin que je puisse entendre toutes malédictions cachées au nom de Jésus-Christ de Nazareth.

74) Seigneur, purifie-moi de tous signes et de toutes ordonnances qui me condamnent à cause de mon nom au nom de Jésus-Christ de Nazareth.

75) Que toutes forces des ténèbres qui veulent manipuler mon nom soient réprimandées au nom de Jésus-Christ de Nazareth.

76) Tout nom fatal ou vil qui m'a été donné par un parent ou grands-parents pour une réincarnation ou pour commémorer un évènement soit annulé par le sang de Jésus-Christ au nom de Jésus-Christ de Nazareth.

77) Je réclame toutes les bénédictions qui sont attachées à mon nom au nom de Jésus-Christ de Nazareth.

78) Je convertis et multiplie toutes les fois ou j'ai répondu oui à un nom maléfiques par la bénédiction, le succès et l'élévation au nom de Jésus-Christ de Nazareth.

79) Toi qui a dis Abraham, je rendrai ton nom grand, rends mon nom grand pour tout le reste de ma vie.

80) Que le vent de la résurrection déracine toutes les mauvaises fondations ancestrales ou parentales qui affectent n'importe quel domaine de ma vie au nom de Jésus-Christ de Nazareth.

81) J'ordonne à tout esprit de division de s'éloigner de ma vie conjugale au nom de Jésus-Christ de Nazareth.

82) Je confesse tout péché connu ou non lié au port de mon nom (donné par mes parents) au nom de Jésus-Christ de Nazareth.

83) Que toutes les forces de ténèbres qui veulent manipuler mon nom soient réprimandées par le feu du Saint-Esprit au nom de Jésus-Christ de Nazareth.

84) Je détruis tout esprit mauvais qui va appeler mon nom quelque part pour le détruire ou pour le manipuler au nom de Jésus-Christ de Nazareth.

85) Tous trônes de la sorcellerie dans ma maisonnée soyez localisés et démantelés par le tonnerre de DIEU au nom de Jésus-Christ de Nazareth.

86) Que tout cercueil façonné contre moi par un sorcier retourne contre l'auteur lui même au nom de Jésus-Christ de Nazareth.

87) (pointe du doigt le ciel) je parle au soleil, à la lune et aux étoiles de briller en ma faveur au nom de Jésus-Christ de Nazareth.

88) (Pointe du doigt la terre) que toute chose planifiée contre moi dans la terre soit démantelée par le feu de DIEU au nom de Jésus-Christ de Nazareth.

89) Que tout esprit de sirène des eaux ayant pour mission de détruire mon foyer soit détruit par le feu du Saint-Esprit au nom de Jésus-Christ de Nazareth.

90) Que toute alliance que j'ai tissé consciemment ou inconsciemment avec la sirène soit rompue par le Sang de Jésus-Christ au nom de Jésus-Christ de Nazareth.

91) Que tout objet ou organe de mon corps que j'ai donné pour une consultation et qui me représente dans le royaume de l'esprit de la sirène des eaux soit brûlé par le feu de DIEU au nom de Jésus-Christ de Nazareth.

92) Que le feu de DIEU me relâche de tout mari et femme spirituelle au nom de Jésus-Christ de Nazareth.

93) Que tout ce que la sirène a déposé dans ma vie soit déraciné et consumé par le feu du Saint-Esprit au nom de Jésus-Christ de Nazareth.

94) Que tout signe de la sirène des eaux dans ma vie qui m'empêche de me marier soit effacé par le Sang de Jésus-Christ au nom de Jésus-Christ de Nazareth.

95) Que tout signe de la sirène des eaux dans ma vie qui m'empêche d'être fécond (e) soit effacé par le sang de Jésus-Christ au nom de Jésus-Christ de Nazareth.

96) Que tout signe de la sirène des eaux dans ma vie qui provoque des problèmes dans mon foyer soit effacé par le sang de Jésus-Christ au nom de Jésus-Christ de Nazareth.

97) Que Tout agent de sirène qui se fait passer pour mon ami, mon compagnon, pour détruire ma vie soit mis hors d'état de nuire.

98) Que toute écaille placé sur mes yeux par la sirène qui me fait croire que je suis heureux soit ôtée par le sang de Jésus-Christ au nom de Jésus-Christ de Nazareth.

99) Que tous mes biens naturels confisqués par la sirène, enterrés dans la Mer ou dans la terre soient vomis et restitués au nom de Jésus Christ de Nazareth.

100) Que tout étiquette placée sur mon corps par l'esprit de la sirène des eaux pour me reconnaître, soit effacé par le sang de Jésus-Christ au nom de Jésus-Christ de Nazareth.

101) Que tous mes antagonistes soient cloîtrés dans la honte et dans la confusion au nom de Jésus-Christ de Nazareth.

102) Que la robe, la bague de mariage photo ou n'importe quel matériel utilisé pour mon mariage dans le monde spirituel soit brûlé par le feu du tonnerre de DIEU!

103) Que tout certificat de mariage qui me retient dans le cercle de la sirène des eaux soit brûlé par le feu du Saint-Esprit au nom de Jésus-Christ de Nazareth.

104) Que la tête du serpent déposé dans ma vie qui permet au mari ou à la femme de nuit de contrôler ma vie soit brisée par le marteau de feu au nom de Jésus-Christ de Nazareth!

105) Je renonce et rejette le nom que m'a accordé le mari ou la femme de nuit dans le monde spirituel au nom de Jésus-Christ de Nazareth.

106) Que toute marque déposée dans ma vie ou sur mon front au moyen du mariage satanique soit effacée à jamais de ma vie au nom de Jésus-Christ de Nazareth.

107) Toute écriture satanique ou toute lettre écrite par le mari ou la femme de nuit à mon sujet soit annulée.

108) Que tout voile démoniaque sur mon visage qui m'empêche de rencontrer mon âme soeur ou ma côte pour le mariage soit déchiré.

109) Que tous les enfants que j'ai eu dans le monde spirituel qui m'empêchent de concevoir tombent et meurent afin que je conçoive au nom de Jésus-Christ de Nazareth.

110) Que toute puissance qui oppresse mon mariage tombe et meure au nom de Jésus-Christ de Nazareth.

111) Je demande le divorce et je renonce à mon mariage avec le mari ou la femme de nuit au nom de Jésus-Christ de Nazareth.

112) Je retire mon sang, mon utérus ou toute autre partie de mon corps volés par le mari et la femme de nuit au nom de Jésus-Christ de Nazareth.

113) Seigneur, répare et restaure toute partie de mon corps détruite par le mari et la femme de nuit au nom de Jésus-Christ de Nazareth.

114) Que tout réseau de femmes ou de mari de nuit contre moi soit embrouillé au nom de Jésus-Christ de Nazareth!

115) Je prononce le divorce entre toi et moi (femme ou mari de nuit) au nom de Jésus-Christ de Nazareth.

116) Que toute menace suite au divorce contre moi retourne à l'envoyeur au nom de Jésus-Christ de Nazareth.

117) Que le séjour des morts ouvre grandement sa bouche et avale toutes personnes qui sucent mon bonheur et ma vie au nom de Jésus-Christ de Nazareth.

118) Que mon nom soit une torche enflammée, un volcan en ébullition pour toutes les personnes qui l'appelleront dans le but de me suivre ou de me faire du mal au nom de Jésus-Christ de Nazareth.

119) Que tous les hérodes de ma vie reçoivent les coups des anges et soient rongés par le vers au nom de Jésus-Christ de Nazareth!

120) Seigneur, provoque une explosion de puissance dans mon entourage afin de détruire tout ce qui ne vient

pas de toi autour de ma vie au nom de Jésus-Christ de Nazareth.

121) Seigneur, rends à mes ennemis 7 fois le mal qu'ils m'ont fait au nom de Jésus-Christ de Nazareth.

122) Seigneur, rend tous ceux qui en veulent à la vie comme du fumier pour la terre au nom de Jésus-Christ de Nazareth.

123) Seigneur, déplace les reins de tous auteurs de piquets anti-percée, anti-paix, antimarriage au nom de Jésus-Christ de Nazareth.

124) Tous ceux qui me poursuivent de jour comme de nuit, Seigneur trouve leur une demeure dans la brousse au nom de Jésus-Christ de Nazareth.

125) Mets-moi en haut afin que je marche sur mes ennemis et leurs oeuvres au nom de Jésus-Christ de Nazareth.

126) Je casse tout miroir et moniteur spirituel érigés contre moi au nom de Jésus-Christ de Nazareth.

127) Seigneur transforme- moi en charbon ardent contre mes ennemis au nom de Jésus-Christ de Nazareth.

128) Que toutes les moqueries de mes adversaires soient converties en honneur pour moi au nom de Jésus-Christ de Nazareth.

129) Que toute chose négative écrite dans le cycle de la lune contre mon destin soit effacée par le sang de Jésus-Christ au nom de Jésus-Christ de Nazareth.

130) Perds ton emprise sur ma vie et sois chassé de ma vie à jamais (incision diabolique, rêve satanique, consécration maléfique, sacrifice satanique, malédiction des parents, transfusion sanguine démoniaque, changement diabolique de destin, imposition de mains diaboliques) au nom de Jésus-Christ de Nazareth.

131) Je plonge toutes mes requêtes dans le sang de Jésus-Christ au nom de Jésus-Christ de Nazareth.

AMEN !

**Pour correspondre avec Pasteur
Elvis Dagba,**

Écrivez le:

P. O. BOX 9733
Norfolk, VA 23505

Tel: (757) 453-4969

Email: elvisdagba@elvisdagba.org

Website: elvisdagba.org